Walter Grässli

Farbgestaltung

dargestellt an Beispielen aus der Farbenlehre von Adolf Hölzel (1853–1934)

Pädagogischer Dienst CARAN d'ACHE SA
Verlag des Schweizerischen Vereins für Schule und Fortbildung

Inhaltsverzeichnis

© 1995 by Pädagogischer Dienst der Firma
CARAN d'ACHE SA, 19, Chemin du Foron,
1226 Thônex-Genève

Art. Nr. 824.105

Titel der französischen Ausgabe:
«Création en couleur»

ISBN-3-908236-40-1

© 1995 by Verlag des Schweizerischen Vereins
für Schule und Fortbildung (SVSF)
Bennwilerstrasse 6, 4434 Hölstein

Layout: lüthi electronic ag, design,
CH 8401 winterthur

Druck: Courvoisier-Attinger, Arts Graphiques SA,
2301 La Chaux-de Fonds

Farbgebilde, Farbregeln, Farbrezepte, Farbkonzepte, Farbkonventionen, Farbpsychologie und natürlich auch Farbenlehren haben eine über alle Unterschiede hinwegführende Gemeinsamkeit: ein Stück weit ebnen sie alle den Willen zum Dialog. Die Dialogmöglichkeit wird bereits aufgezeigt in den realen, mit Augen kontrollierbaren Wechselbeziehungen zwischen den Farben und – leider weit weniger häufig – denen zwischen den verschiedenen Farbuntersuchungen, wie sie in den unterschiedlichen Lehren zum Tragen kommen. Das in der Literatur Vorhandene und Hölzels Überlegungen zur Farbe sind ja formuliert, was aber noch nicht automatisch bedeutet, dass sie für Interessierte einfach verfügbar wären, bestünde da nicht die vorliegende Publikation von Walter Grässli, die ein fast vergessenes Segment von Untersuchungen zum Thema Farbe wieder für den Dialog öffnet. Die Dialogmöglichkeit, oder mit einer Bezeichnung aus bestehenden Farblehren ausgedrückt, der Simultankontrast zwischen den einzelnen Lehren ist freilich nur eine Seite der Sichtweise. Hölzels Umgang mit den Gesetzmässigkeiten zwischen den Farben, die Art der Formulierungen, die praktische Untersuchung mit den Pigmentfarben spannen den Dialog noch etwas weiter, nämlich hin zum Verhältnis zwischen dem Lehrenden Hölzel und den vielen Lernenden. Farbkultur ist auch ein Stück Kommunikationskultur – und hier ist Hölzel durchaus vergleichbar mit Itten oder Albers, die beide geborene Pädagogen waren.

Walter Grässli, der Verfasser der vorliegenden Publikation, ist ebenfalls Lehrer. Und wie es sich für einen Lehrer gehört auch ein Lernender. Gleichzeitig Lehrer und Schüler zu sein, ist an jeder Hochschule ein zwingendes Phänomen, nur wird das Lernen der Lehrenden dort mit dem Wort Forschung umschrieben. Farben lassen uns aber keine anderen Möglichkeiten, als die der vorläufigen Erkenntnisse, wir müssen sie uns immer wieder neu ersehen. Diese vorläufigen Erkenntnisse sind denn auch das Spannende, weil sie Abhängigkeiten aufweisen, die von Auge zu Auge verschieden sind.

Wir fragen nach dem Wesen bestimmter Farben und kommen dabei zu Antworten, die Wissen schaffen. Wir fragen damit aber gleichzeitig auch immer nach dem Wesen der Wahrnehmung. Weil dies so ist, können wir uns nur denkend und sehend mit den Farben auseinandersetzen. Das schönste Beispiel dafür sind die malenden Theoretiker. Hölzel muss zu ihnen gezählt werden, denn Handwerk und Augwerk des Lehrenden liessen ihm keine andere Wahl. Der schreibende Goethe malte in seiner Freizeit, der malende Josef Albers machte es genau umgekehrt. Gottfried Keller und Paul Klee benutzten denselben Weg, indem sie bildnerisches Denken, beziehungsweise schreibendes Wahrnehmen für sich beanspruchten, um zu differenzierten Aussagen zu gelangen. Forscher, die auch noch als Maler tätig sind, verändern die Malerei kaum – aber vielleicht ihre Wissenschaft.

Farblehren verführen zum Mitmachen. Selbst wenn dieses Mitmachen dilettantisch geschieht, können die Auswirkungen davon in einem anderen, professionellen Tätigkeitsfeld verändernd wirken.

Wir gelangen vielleicht zu fruchtbaren Erfahrungen, wenn wir die Erläuterungen heute neu lesen. Der Zeitraum seit der Entstehung der ersten Aufzeichnungen von Hölzels Überlegungen ist gross genug, um für uns neue Gedanken zuzulassen. Die Publikation von Walter Grässli erleichtert uns das Einrichten in dieser Gedankenwelt halten wir sie uns vor Augen.

Professor Peter Jenny

Caran d'Ache

Farbtheorien und Künstlerfarbenlehren sind wichtige Bestandteile für die Herstellung und Verwendung von Künstlerfarben auf Pigmentbasis. Der Pädagogische Dienst von Caran d'Ache beschäftigt sich nicht nur mit praktischen Anwendungstechniken von Farbprodukten, sondern liefert auch wichtige theoretische Beiträge zum Thema «Farbe». Das Buch von Walter Grässli mit der anschaulichen Darstellung der Farbenlehre von **Adolf Hölzel (1853–1934)** soll die Diskussion von Farbenlehren anregen und fördern. Im Kunstunterricht und in der künstlerischen Tätigkeit gibt es keine «richtige» Farbenlehre und kein allgemeingültiges Ordnungsmodell. Die Möglichkeiten und Grenzen jeder Farbenlehre sind in jedem Fall genau zu untersuchen und auf ihre Zweckmässigkeit hin zu prüfen. Bei der Hölzelschen Farbenlehre geht es hier nicht in erster Linie um die historische Bedeutung. Adolf Hölzel war ein ausgezeichneter Pädagoge und Maler. Seine Lehre fasziniert immer noch durch ihre zeitlose Lebendigkeit, die schon Johannes Itten und andere berühmte Künstler prägte.

Parallel zum Erscheinen dieser wenig bekannten Künstlerfarbenlehre unterstützt Caran d' Ache die Ausstellung **Idee Farbe,** die einen ersten Überblick über die Vielfalt aller Farbsysteme mit einem originalen theoretischen Ansatz bietet. Das Buch über Hölzel und die Ausstellung Idee Farbe ergänzen sich in idealer Weise und laden den interessierten Leser und Betrachter zu einem Ausflug in die Geschichte der Farbenlehren und zu einem spannenden Farberlebnis ein.

Der Ausstellungskatalog **Idee Farbe** ist im Regenbogen Verlag, Konstanz erschienen.
ISBN 3-85862-705-4.

Walter Grässli

Walter Grässli wurde 1943 in Werdenberg bei Buchs geboren. Ursprünglich absolvierte er eine Lehre als Maler und Schriftenmaler. Anschliessend bildete er sich an den Schulen für Gestaltung St. Gallen und Zürich, in der freien Malschule Anton Ender, Vaduz, und an der staatlichen Kunstakademie Paris weiter. Es folgte ein Studienaufenthalt in London. Vorerst arbeitete er als freischaffender Maler, Werbegrafiker und Dekorationsgestalter, dann wurde er Werk- und Zeichenlehrer im Kinderdorf Pestalozzi, Trogen. Die Freude am Unterricht führte ihn an die Schule für Gestaltung in Zürich zur Ausbildung zum Zeichenlehrer. An der Universität bildete er sich in Kunstgeschichte weiter und vertiefte sich während mehrerer Jahre in Farbenlehren und Farbgestaltung. Seit 1972 ist der Autor Lehrer an der Kantonsschule/Seminar Wattwil, seit 1989 auch Lehrbeauftragter an der Schule für Gestaltung, Zürich (Farbenlehre).

Folgende Auszeichnungen wurden an den Autor vergeben: Biga-Studium (1963), deuxième prix de récompense, Ecole nationale supérieure des beaux arts, Paris (1963), und einen zweiten Preis an der Ausstellung «Das Rad», Rorschach (1986).

Verschiedentlich wurde Walter Grässli von der Firma Caran d'Ache in Genf als Berater zugezogen. Daraus entwickelte sich mit der Zeit eine intensive Zusammenarbeit, aus der heraus dieses Buch entstand.

Hin und wieder begegnete ich in Biographien berühmter Malerinnen und Maler dem Namen Adolf Hölzel. Ich wusste zwar, dass Adolf Hölzel ein hervorragender Maler gewesen sein muss, doch vorerst einmal war er für mich nur der Kunstprofessor aus Stuttgart, bei welchem unter anderem auch viele Schweizer studiert hatten.

Später dann, als ich anfing, mich intensiv mit Farbenlehre zu befassen, begegnete ich dem Namen Adolf Hölzel immer wieder. Und gleichzeitig erfuhr ich auch von seiner Farbenlehre, einer Lehre, die wie jene Ittens auf sieben Kontrasten aufbaute. Doch immer noch kannte ich keine Bilder von Hölzel, bis ich in München die Monographie von Wolfgang Venzmer über sein Leben und sein Werk kennenlernte. Dort sah ich in Reproduktionen Bilder, die mich tief beeindruckten. Ich bewunderte die sensiblen, gedämpften Farben früherer und daneben die starke, durchglühte Farbigkeit späterer Werke. Gleichzeitig fand ich in dieser Monographie einen Aufsatz über Farbenlehre, genauer: das abgedruckte Manuskript eines Vortrages – *Einiges über die Farbe und deren bildharmonische Bedeutung und Ausnützung* –, einen Vortrag, den Hölzel am 1. deutschen Farbentag, am 9. September 1919, vor Vertretern des deutschen Werkbunds gehalten hat. Dort – in seiner wohl wichtigsten *eigenen* schriftlichen Darstellung – sagt Hölzel Wesentliches über seine Farbenlehre aus (siehe Anm. 15).

In Büchern über Farbenlehre begegnet man oft auch zwei Farbkreisen Adolf Hölzels. Doch, wenn man sich die beiden Farbkreise einfach nur anschaut, weiss man nichts von den Möglichkeiten, die ihr bewusster Einsatz im bildnerischen Gestaltungsprozess bietet. Auch mir blieb hier einiges verborgen, bis ich das Buch von Carry van Biema *Farben und Formen als lebende Kräfte* (siehe Quellenangabe) entdeckte.

Immer und immer wieder wird in einschlägigen Fachbüchern auf dieses Buch hingewiesen. Carry van Biema besuchte während des Ersten Weltkrieges die Vorlesungen Adolf Hölzels in Stuttgart und gab dann später 1930 – ein paar Jahre vor Hölzels Tod – jenes Buch heraus, das mich nun über Jahre hinweg fesselte. Sie schrieb es vorerst wohl im Kontakt mit Hölzel und später – in manchen Teilen – wohl auch ein wenig gegen den Willen des Meisters (siehe Anm. 15).

Ich habe bis jetzt noch nicht herausgefunden, wer Carry van Biema eigentlich war, wo und wie sie lebte und was und wie sie selbst malte. Und auch, ob sie überhaupt jemals künstlerisch tätig war. Auf jeden Fall muss sie eine höchst bemerkenswerte und belesene Frau gewesen sein, in Literatur und Philosophie bewandert und alles in allem auch eine gute Kennerin der Schriften Goethes und vor allem auch eine Kennerin seiner Farbenlehre.

Das Buch ist längst vergriffen und hat leider nie eine Neuauflage erfahren. Ein Exemplar befindet sich in der Bibliothek der Schule und des Museums für Gestaltung Zürich (früher Kunstgewerbeschule Zürich). Eine Schule und ein Museum, denen beiden einst auch Itten als ehemaliger Hölzel-Schüler als Direktor vorstand. Und die Ittensche Farbenlehre besass hier auch noch lange Zeit über Ittens Tod hinaus Tradition, trat nicht zuletzt von hier aus ihren Siegeszug um die ganze Welt an.

Das Buch von Carry van Biema hat mich schliesslich dann so fasziniert, dass ich mich einige Zeit lang fast täglich damit auseinandersetzte, und bald einmal stellte ich auch fest, dass man (ich) Van Biemas Ausführungen nicht einfach nur lesen, sondern dass man die darin verdichtete Hölzelsche Farbenlehre sich nur mit *Farben und Pinsel erarbeiten kann*. Schritt für Schritt eröffnete sich mir nun malend Hölzels faszinierende Farbenwelt. Diese *bildnerischen* Erfahrungen und Ergebnisse stelle ich nun hier in dieser Schrift vor. Alle farbigen Vorlagen – auch die Nachschaffungen der Farbkreise und weitere Ordnungsmodelle und alle grafischen Darstellungen – mit Ausnahme des Rungeschen Doppelkegels – stammen von mir selbst.

Ich kannte bis anhin die Ittensche Farbenlehre sehr gut, habe mich lange Jahre mit ihr, auch soweit dies möglich war, mit der Person Ittens befasst. Die Ittensche Farbenlehre war lange Zeit ein starker Bezugspunkt in meinem Unterricht.

Aber auch die Auseinandersetzung mit der Hölzelschen Farbenlehre wurde zum einmaligen Erlebnis, zu einem Abenteuer, das mich noch lange gefangen hielt. In vielen Punkten zeigte sich mir nun auch die Ittensche Farbenlehre von einer neuen Seite. Und immer wieder hatte ich das Gefühl, hier, in der Hölzelschen Farbenlehre nun etwas zu entdecken, das mehr war als alles andere, was ich je unter dem Begriff Farbenlehre gelernt, erlebt und erfahren hatte. Aber eben – wie Goethe zu Eckermann in bezug auf *seine* Farbenlehre sagte «*sie muss gethan werden, und das hat so seine Schwierigkeit*» so musste ich nun auch die Hölzelsche Farbenlehre «tun», aber dieses «Tun» führte zu meinem entscheidensten Erlebnis der letzten Jahre im Reich der Farben. Parallel zu dieser praktischen Tätigkeit dehnte sich meine Auseinandersetzung auch auf weitere Schriften aus. In Hölzels Nachlass befinden sich viele Aphorismen und Lehrsätze, die Wesentliches über ihn und seine Lehre aussagen. Doch auch auch Hölzel-Schülerinnen und -Schüler haben Teile aus seiner Lehre weitergegeben. Und eine überzeugende Darstellung von Hölzels Farbenlehre findet man schliesslich auch noch im Buch von Walter Hess *Das Problem der Farbe in Selbstzeugnissen moderner Maler von Cézanne bis Mondrian*, in einem ausführlichen Aufsatz über Adolf Hölzel (siehe Quellenverzeichnis).Und ausserdem fand ich noch zwei kunstwissenschaftliche Arbeiten, eine Magisterarbeit von Effi Grimmer, *Adolf Hölzel und seine Theorie der künstlerischen Mittel* (Tübingen 1985), und eine Lizentiatsarbeit von Irene Rehmann, *Adolf Hölzel, Theorie und Unterricht: Die Bedeutung der künstlerischen Praxis* (Bern 1986), die mir wesentliche Informationen über Hölzel und seine Lehre vermittelten. Doch das meiste und meines Erachtens Wichtigste erfuhr ich malend.

Die Hölzelsche Farbenlehre ist eine *individuelle* Farbenlehre, eine *Künstlerfarbenlehre* mit vielen persönlichen Erfahrungen, die Hölzel durch sein eigenes Schaffen und durch das Studium aller zu seiner Zeit erreichbaren Farbenlehren gewonnen und an seine Schüler weitergegeben hat. Eine subjektive Farbenlehre also und keine objektive, «wissenschaftliche» und sie will dies auch gar nicht sein. Und Hölzel trennt denn auch *naturwissenschaftliche* Farbenlehre streng von *künstlerischer* Farbenlehre, sagt anlässlich seines Vortrags am 9. September 1919, naturwissenschaftliche Farbenlehre sei für den Maler nur von *sekundärer* Bedeutung, denn der verfüge über keine Näpfchen mit Licht, in welche er seinen Pinsel tauchen könne. Zu unterscheiden und zu trennen ist auch zwischen Farbenlehre für *freie* und Farbenlehre für *angewandte* Kunst (Design) – wie Grete Ostwald in Aemilius Müllers Schrift *Quo vadis Küppers?* (Winterthur 1980) eingangs zitiert wird.

Im Gebiet der Farbenlehre herrscht oft ein harscher, rechthaberischer, manchmal polemischer Ton, und es wird dann auch zuwenig erkannt, dass das weite Gebiet der Farbenlehre wie ein grosses Buch ist, ein Buch mit vielen farbigen Seiten, und jede einzelne trägt etwas zum Ganzen bei, hilft mit, dieses grosse, erlebnisreiche Gebiet auf verschiedene Weisen zu erfahren. Es gilt auch zu erkennen, von welchem Standpunkt aus argumentiert wird. So sind halt die drei *Ittenschen* oder *Rungeschen Primärfarben* nicht die von Goethe und Hölzel und schon gar nicht die der modernen Drucktechniken. Auch da gilt es zu unterscheiden. Ein Anwenden der drei Grundfarben Gelb, Rot und Blau schliesst nicht immer das Er-

reichen aller Buntfarben eines Farbkreises mit ein. Das Ausmischen von nur drei Grundfarben (Gelb/Rot/Blau) untereinander, und die Erweiterung dieses Dreiersatzes durch die beiden Mischfarben Weiss und Schwarz, wurde früher sehr viel und mit Erfolg praktiziert und wirkt in Farbkombinationen harmoniebildend. Die Buntfarben des Farbkreises sind dann in der freien Malerei oft auch weniger von Bedeutung als die vielen gedämpften, bedeckten, tertiären Farben, und manche persönliche Palette von Malerinnen und Malern ist stark von Erdfarben bestimmt, Erdfarben mit eben gedämpftem, tertiärem Charakter und besonderen maltechnischen Eigenschaften. Aber auch die Buntfarben eines Farbkreises können von grosser gestalterischer Bedeutung sein. Es gilt für Lehrende und Lernende vorerst zu überlegen, ob mit einer bestimmten Farbauswahl erst einmal das eine, oder später dann zusätzlich auch das andere erreicht werden soll. Darum werden hier auch Farbsortimente von Malfarben vorgestellt, die sich in der Praxis bewährt haben. Es wird auch darauf hingewiesen, mit welchen Malfarben man welchen Farbkreis herstellen kann.

So will diese Buch nun keine naturwissenschaftliche und auch sonstwie wissenschaftliche Farbenlehre vorstellen oder sein, sondern eine *individuelle*, *persönliche* Farbenlehre eines hervorragenden Malers und Lehrers, die – wie sich Van Biema ausdrückt – *uralte Grundlagen der Malerei* vermittelt. Eines Malers und Lehrers übrigens, der auf die Kunstgeschichte der neueren Zeit einen entscheidenden Einfluss ausgeübt hat. Das Buch richtet sich dann auch gegen nichts und niemanden, will auch nicht polemisieren, sondern zeigt, wie man sich praktizierend in dieses (mich) so faszinierende Gebiet einarbeiten kann. Die gestalterischen Anregungen darin sind keine verbindlichen Rezepte, die man dann nachher irgendwie auf irgendwelche Bilder beziehen soll, sondern nichts anderes als Gestaltungsanregungen, die am Beginn einer bestimmten gestalterischen Auseinandersetzung stehen können. Sie sollen auf eine ganz bestimmte Weise Einblick in das gesamte geheimnisvolle Wirken und Zusammenwirken von Farben in bestimmten Konstellationen verschaffen.

So fordert die Schrift dazu auf, mit Pinsel und Farbe auf Anregungen hin individuell das Phänomen Farbe gestalterisch zu erfahren und die eigenen Erfahrungen mit Erfahrungen von andern zu vergleichen. Farbgefühl wird dann erreicht, wenn man nicht stur, sondern vielfältig und praktizierend an das Phänomen Farbe herangeht, vielfältig und flexibel mit ihr, der Farbe, umgeht.

Die Malerin, der Maler muss die Farben in sich tragen und sie in ihrem, seinem Innern in vielen Nuancen und Kombinationen buchstäblich zur Hand haben, um sie in der Natur und Gestaltung entdecken und im Bild auch wiedergeben zu können. Je grösser der innere Farbenreichtum, um so grösser die farbige Entfaltung im Bild. Der Umgang mit Farbe muss zudem Freude bereiten, darf keinen Widerwillen hervorrufen. Negative Erlebnisse bei der Arbeit verhindern den Lernerfolg, schaffen ein negatives Verhältnis zum Phänomen Farbe, wirken sich kontraproduktiv aus.

Verzichten wir vorerst einmal überhaupt auf den Begriff *Farbenlehre* und ersetzen wir ihn vielleicht durch *Farbgestaltungslehre* und fordern gleichzeitig einen vielfältigen praktischen, gestalterischen Umgang mit Farbe, einen Umgang mit Farbe, der vielfältige *subjektive* Erfahrungen vermittelt. Verzichten wir vorerst auch auf Ausmischübungen und auf Farben in strengen, geometrischen Flächen, Quadraten; das mag dann später auf verschiedene Berufe bezogen in verschiedenen berufsspezifischen (Farben-)Lehren erfolgen. Versuchen wir vorerst einmal Farbe als *Gestaltungselement* im *bildhaften Ganzen* zu erleben. Versuchen wir vorerst auch das *Weben* der Farben zu vernehmen, wenn sie sich in kleinflächigen freien Bildgefügen frei entfalten. Setzen wir das Gefühl vor den Intellekt, das *Farbgefühl* vor das *Farbwissen*. Systematische Übungen mögen sich später – berufsspezifisch – anschliessen.

In diesem Sinne soll hier nur ein Beitrag vorgelegt werden, ein kleiner Beitrag zum weiten Gebiet der *Farben-* und *Farbgestaltungslehren*. Eine Aufgabensammlung auch, die Hinweise und praktische Anregungen vermittelt, über Möglichkeiten, mit Farbe bildhaft umzugehen und Farbe als *Gestaltungselement* in einem bildhaften Zusammenhang – an einer historischen Farbenlehre entlang – zu erleben.

Dies – und nichts anderes ist die Absicht dieser Arbeit.

Wattwil, im November 1993, Walter Grässli

Wickenburg Kerkovius unbek. Kinzinger   Stenner   Hölzel   Hildebrandt Baumeister Schlemmer Eberhard

Adolf Hölzel mit einigen seiner Schüler, Anfang 1914 (Archiv Venzmer)

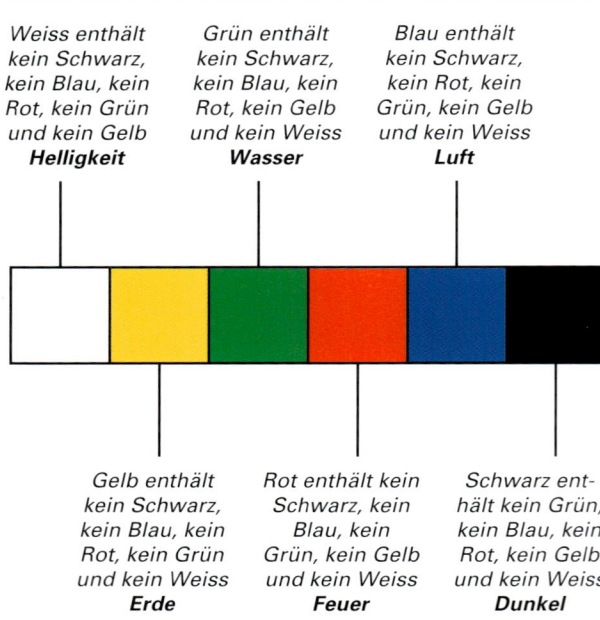

Weiss enthält kein Schwarz, kein Blau, kein Rot, kein Grün und kein Gelb
Helligkeit

Grün enthält kein Schwarz, kein Blau, kein Rot, kein Gelb und kein Weiss
Wasser

Blau enthält kein Schwarz, kein Rot, kein Grün, kein Gelb und kein Weiss
Luft

Gelb enthält kein Schwarz, kein Blau, kein Rot, kein Grün und kein Weiss
Erde

Rot enthält kein Schwarz, kein Blau, kein Grün, kein Gelb und kein Weiss
Feuer

Schwarz enthält kein Grün, kein Blau, kein Rot, kein Gelb und kein Weiss
Dunkel

Lineare Farbordnung zwischen Weiss und Schwarz

Farbkreis nach Goethe

Seit langem versuchten die Menschen Farben zu ordnen. Man kannte sehr lange nur lineare Farbordnungen wie die von **Leonardo da Vinci (1452–1519)**. Die Farben wurden zwischen Hell und Dunkel – Weiss und Schwarz – angesiedelt[1].

Der Farbkreis von Isaac Newton (1643–1727)

Newton machte mit Hilfe eines Glasprismas das Farbspektrum sichtbar, indem er einen Sonnenstrahl durch ein Loch in einem Fensterladen auf das Prisma fallen liess. Es entstand ein fortlaufendes Band von Farben verschiedener Wellenlängen, die dann aber erst ungefähr zweihundert Jahre später von einem Physiker – Heinrich Hertz

(1857–1894) – berechnet wurden. Die Farben, die wir beim nachgestellten Versuch wahrnehmen, heissen im heutigen Sprachgebrauch: Blauviolett, Ultramarinblau, Cyanblau, Grün, Gelb, Orange und Rot. Newton benannte sie anders: *Violett, Indigo, Blau, Grün, Gelb, Orange und Rot*. Im Newtonschen Farbkreis fehlt das von Goethe entdeckte Purpur (Magenta). Mit einer Sammellinse fing Newton die auftretenden Farben wieder ein und lenkte sie erneut auf einen Schirm. Weil er dort nur eine weisse Fläche wahrnahm, vertrat er die Ansicht, alle Farben seien im weissen Licht enthalten. Durch das Prisma würde das Licht geteilt und die Farben dadurch sichtbar. Die Mischung aller Farben ergäbe dann wiederum Weiss[2].

Johann Wolfgang Goethe (1749–1832)

bekämpfte Newtons Theorie, die Farben seien im Tageslichtspektrum enthalten und würden durch die Teilung des weissen Lichtes sichtbar, sehr heftig. Er vertrat die Ansicht, Licht lasse sich nicht teilen und die Farben entstünden im Auge des Menschen. Jede vom Menschen gesehene Farbe erzeuge gleichzeitig auch im Auge die Komplementärfarbe. Alle Farben zusammen – auch die Spektralfarben – ergäben dann auch kein Weiss, sondern vielmehr ein Grau, die Farben neutralisierten sich gegenseitig. Goethe blickte durch ein Prisma auf schwarzweiss gemusterte Tabellen und hielt die Farben, die er durch das Prisma sah, und die Abfolge, in der sie auftraten, schriftlich und in Zeichnungen fest. Anders als Newton, der nur ein dunkles Rot wahrnahm, entdeckte er auch eine neue Farbe, ein Purpurrot, welche er die *höchste aller Farberscheinungen* nannte. Er nannte die Farben auch *Taten* und *Leiden* des Lichts. In seinem

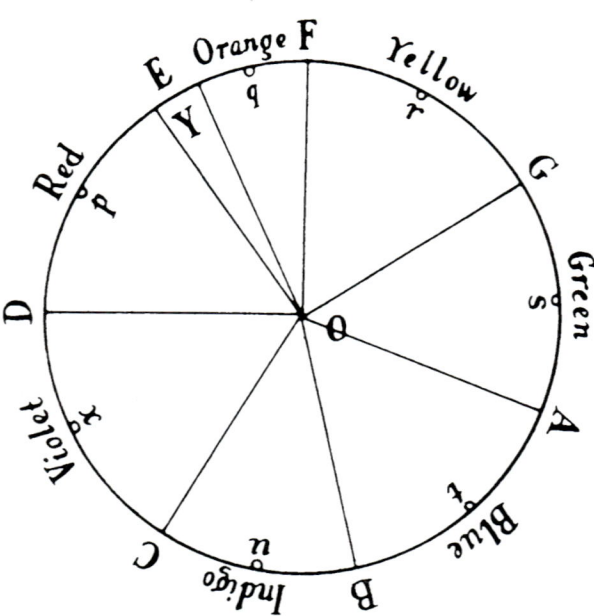

Der Farbkreis von Newton

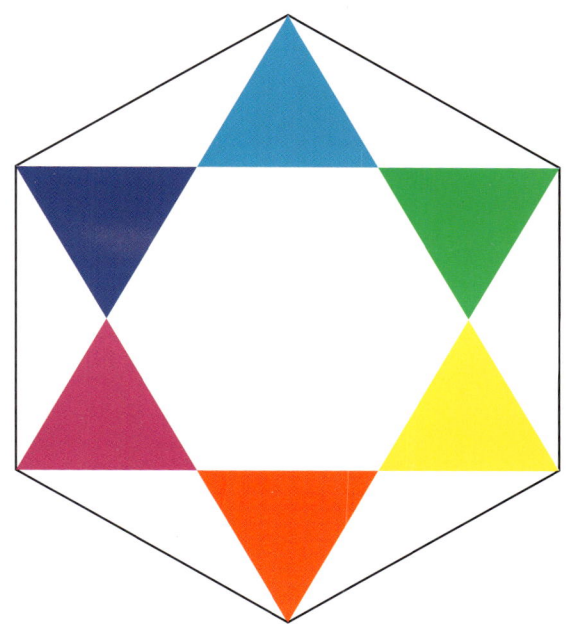

Farbstern nach Runge

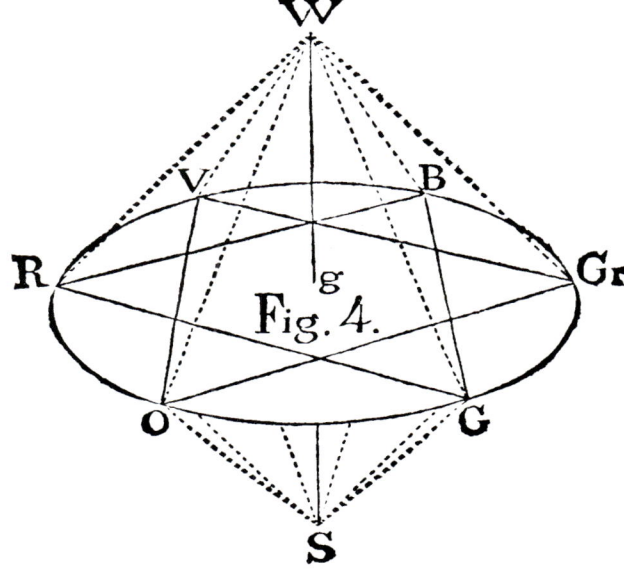

Doppelkegel von Runge

6teiligen Farbkreis setzte er Rot als höchste aller Farben oben an die Spitze eines im Kreis eingeschriebenen gleichseitigen Dreiecks. Gelb setzte er in diesem Dreieck an die linke untere Ecke, an die *aktive,* und Blau rechts, an die *passive* Seite.

Als *Urphänomen* bezeichnete Goethe folgende Erscheinung: Hält man ein trübes, weissliches Glas (Opalglas o. ä.) vor einen hellen Hintergrund oder gegen das Licht, so zeigen sich darauf gelbliche bis rötliche Färbungen. Vor dunklem Hintergrund erscheinen auf dem gleichen Gegenstand (trübes Mittel) bläuliche bis violette Farbnuancen. Goethe leitete davon folgendes ab: Trübes vor Hellem erzeugt Gelb, Trübes vor Dunklem Blau. Das gleiche Phänomen tritt auch in Erscheinung, wenn man Rauch vor hellem oder dunklem Hintergrund beobachtet oder wenn man durch ein Glas mit Seifenlösung oder durch eine Achatscheibe gegen Licht oder Schatten oder auf helle oder dunkle Hintergründe sieht. Goethe leitete daraus ab, die Farben entstünden – wie auch im Prisma – am Hellen und am Dunkeln, am Licht, und seien nicht im Licht verborgen, wie dies Newton behaupte. Gelb und Blau bezeichnete er als *Urkontrast,* aus Gelb und Blau entstünden alle weiteren Farben: Rot entstünde einerseits über das Orange aus dem Gelb und anderseits über das Violett aus dem Blau. Goethe nannte dies *Steigerung* und zeigte das Phänomen mit folgendem Versuch: Stellt man kleine weisse Treppen in je eine blaue oder gelbe, klare Lösung, so kann man sehen, wie bei den tieferliegenden Stufen sowohl im Gelb als auch im Blau eine zunehmende Röte erscheint. Deshalb stellte er Rot auch an die Spitze seines Farbkreises. Das Zunehmen von Rot durch Steigerung – durch das *Verdichten* einer blauen oder gelben Schicht, kann man auch beobachten, wenn man gelbes oder blaues

Cellophan faltet. Je dicker die Schicht, um so mehr Rot erscheint dem Betrachter. Rot gegenüber steht das komplementäre Grün. Es entsteht durch die Vermengung gelber und blauer Farbsubstanzen[3].

Für die Herstellung eines Goetheschen Farbkreises könnten folgende Gouache-Farben (Caran d'Ache, Gouache extra-fine) eingesetzt werden:

Gelb: Zitronengelb 240
Blau: Permanentblau 670
Orange: Kadmiumrot hell 560
Violett: Dunkelultramarinblau 640 (als Blau-
          violett)
Grün: Grasgrün 220
Purpur: Purpurrot 350

Ein 6teiliger Farbstern nach Philipp Otto Runge (1777–1810)

Die Stellung der drei Grundfarben: oben Blau (Permanentblau 670) –, möglicherweise als Hinweis auf den blauen Himmel – links Rot (Purpurrot 350) und rechts Gelb (Zitronengelb 240). Dazwischen (eingesetzt und nicht gemischt) die Sekundärfarben Violett (Dunkelultramarinblau 640), Orange (Kadmiumrot hell 560) und Grün (Grasgrün 220). 1806 schickt Runge an Goethe einen Farbkreis, in welchem, analog dem Farbkreis Goethes, Rot oben, Gelb links und Blau rechts stehen[4]. Als Alternative zu dem oft publizierten 12teiligen Rungeschen Farbkreis mit dem Blau oben, zeigen wir hier den 6eckigen Farbstern, den Runge in seiner Schrift «Die Farbenkugel» beschreibt. Der Farbkreis entwickelte sich dann aus dem Farbstern.

Die sich über den Kreismittelpunkt hinaus gegenüberliegenden Farben sind (in unserer Nachkonstruktion) weitgehend komplementär, d.h. sie löschen sich gegenseitig zu Grau aus[5].

Von der Suche nach Harmonie und Ordnung im Reich der Farben

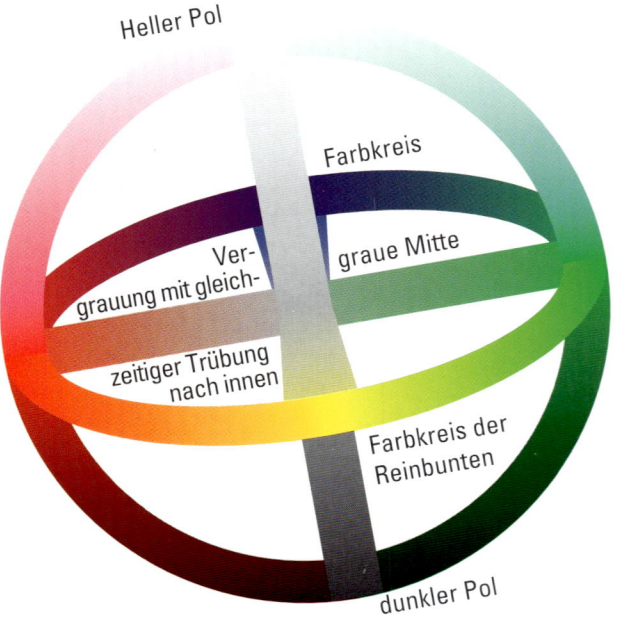

Heller Pol

Farbkreis

Ver-
grauung mit gleich-

graue Mitte

zeitiger Trübung
nach innen

Farbkreis der
Reinbunten

dunkler Pol

Farbenkugel (Schema)

Äquivalentenfarbkreis nach Schopenhauer

Alternative: Würde man Runges Ausführungen wörtlich übernehmen, dann müssten wir von sogenannten *mittleren* Nuancen ausgehen und für den Farbstern folgende Gouache-Farben (Caran d'Ache, Gouache extra-fine) einsetzen:

Gelb: Kadmiumgelb mittel 520 *anstelle von Zitronengelb 240*
Blau: Kobaltblau mittel 660 *anstelle von Permanentblau 670*
Orange: Rotgelb 040 *anstelle von Kadmiumrot hell 560*
Violett: Kobaltviolett 620 *anstelle von Dunkelultramarinblau 640*
Grün: Grasgrün 220 (bleibt)
Purpur: Karmin 080 *anstelle von Purpurrot 350*

Komplementärmischungen wären mit dieser Farbauswahl dann allerdings nicht mehr möglich.

Von Philipp Otto Runge ist noch ein zweiter Farbkreis bekannt, der identisch ist mit dem Farbkreis von Goethe[6]. Runges Farbkreis war der Teil einer Farbenkugel. Die Farbenkugel ist vergleichbar mit der Erdkugel. Die Farbenkugel ist ein plastisches Anschauungsmodell, ein Ordnungsmodell für die Farben. Über die Form des Doppelkegels[7] kam Runge zur Form der Kugel. In der Farbkugel konnte Runge sowohl die bunten Farben des Farbkreises als auch die unbunten Farben Weiss, Grau und Schwarz in einem einzigen Farbordnungsmodell vereinen und anschaulich darstellen. Der Farbkreis der bunten Farben bildet den Äquator, Weiss und Schwarz die beiden Pole. Weiss steht als *leichte* Farbe oben, am Nordpol, ihm unten gegenüber das düstere, schwere Schwarz. Eingespannt zwischen beiden Polen befindet sich die Mittelachse und auf ihr, von Hell bis Dunkel verlaufend, die Graureihe. Ganz im Mittelpunkt liegt das neutrale

Grau, in welchem sich sämtliche Farben wieder finden. Auch Runge nennt – wie Goethe – Farbpaare, die sich im Farbkreis gegenüberliegen, *harmonisch*. Aber auch Farbpaare, die sich an beliebigen Stellen der Farbkugel über den Graupunkt im Mittelpunkt der Farbkugel hinaus gegenüberliegen und sich also folglich zu Grau ergänzen, bezeichnet Runge als *harmonisch*[8].

Arthur Schopenhauer (1788–1860)

war ein glühender Verehrer von Goethes Farbenlehre. Der 26jährige Schopenhauer besuchte den 65jährigen Geheimrat Goethe im Jahr 1814 in Weimar. Als Schopenhauer später an gewissen Punkten von Goethes Farbenlehre in einer Abhandlung Zweifel äusserte, vertrug dies Goethe nicht, und brach mit dem jungen Philosophen. Schopenhauer änderte Goethes Farbkreis insoweit ab, als er nicht jeder Farbe im Farbkreis gleich viel Gewicht zumass. Stark leuchtende Farben, wie Gelb und Orange, müssen sich mit weniger Platz zufrieden geben als weniger stark leuchtende Farben wie Violett und Blau. Rot und Grün werden gleichwertig behandelt.

Schopenhauer teilte seinen Farbkreis in 36 Teile ein. Davon erhält Gelb lediglich 3 und Orange 4 Teile. Rot und Grün erhalten je 6, Blau 8 und Violett 9 Teile[9].

Im Farbkreis einzusetzen sind folgende Gouache-Farben (Caran d'Ache, Gouache extra-fine):

Gelb: Zitronengelb 240
Orange: Kadmiumrot hell 560
Rot: Purpurrot 350
Grün: Grasgrün 220
Blau: Permanentblau 670
Violett: Dunkelultramarinblau 640

Farbdreieck nach Delacroix

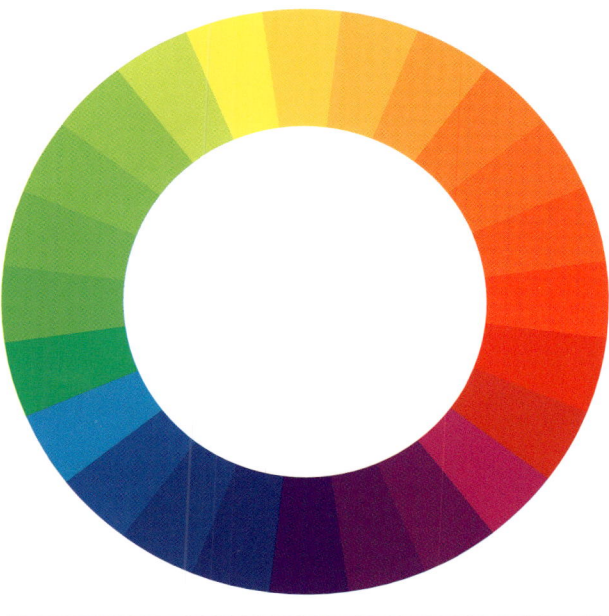

24teiliger Farbkreis

Eugène Delacroix (1798–1863)

Ein höchst einfaches, doch recht interessantes Farbordnungsmodell wurde vom französischen Maler Delacroix verwendet. Es handelt sich dabei um ein einfaches Dreieck. Es enthält die drei Grundfarben Gelb, Rot und Blau und auch die drei daraus gemischten Sekundärfarben Orange, Violett und Grün. Delacroix leitete daraus das Komplementärgesetz ab; die Stellung der Farben im Dreieck ist so, dass je einer Grundfarbe ihre Komplementärfarbe gegenübersteht. Delacroix entdeckte für sich das Geheimnis der farbigen Schatten und die Möglichkeit, eine Buntfarbe durch Beimischen der Komplementärfarbe abzuschwächen, ihre Kraft mehr oder weniger stark zu brechen [10].

Für die Herstellung des Farbdreiecks benötigen wir folgende Gouache-Farben (Caran d'Ache, Gouache extra-fine):

Gelb: Zitronengelb 240
Blau: Permanentblau 670
Orange: Kadmiumrot hell 560
Violett: Dunkelultramarinblau 640
Grün: Grasgrün 220
Purpur: Purpurrot 350

Alternativen

1. Statt der oben vorgeschlagenen Auswahl verwenden wir wiederum die mittleren Nuancen (Kadmiumgelb mittel 520, Kobaltblau mittel 660, Karmin 080), oder

2. Wir stellen aus drei gewählten Primärfarben drei gemischte Sekundärfarben her. Es entstehen dann etwas weniger leuchtende Nuancen, aber trotzdem erhalten wir so ein recht anschauliches, interessantes Grundmodell, welches einige farbharmonische Überlegungen wert ist.

Wilhelm Ostwald (1853–1932)

verwendete einen 24teiligen Farbkreis, der in sich gleichabständig ist, d. h.: Die 24 Buntfarben im Farbring sind sorgfältig aufeinanderfolgend abgestuft. Er entwickelte ihn aus 100 Ausgangsnuancen, aus denen er 24 auswählte. Oben am Kreis steht als leichteste Farbe ein Zitronengelb, ihm senkrecht gegenüber ein rötliches Ultramarinblau. Rechts, auf der waagrechten Achse, steht ein Hochrot (Zinnober, Kadmium hell), links ein Türkisblau. Aus dem Farbkreis lassen sich harmonische Zwei-, Drei- und Vierklänge ableiten. Der Farbkreis bildet gleichzeitig die Grundlage eines plastischen Ordnungsmodells, des Doppelkegels [11]. Wie in Runges Farbenkugel nimmt der Farbkreis der Buntfarben die Stelle des Äquators ein. Jede Buntfarbe im Kreis ist Teil eines farbtongleichen Dreiecks [12], eines gleichseitigen Dreiecks, bestehend aus einer Buntfarbe des Farbkreises, die nach oben zu Weiss, nach unten zu Schwarz und in der Mitte zu Grau – mit allen immer auch möglichen Zwischennuancen – ausgemischt wurde. Ostwald erfand die Formel: $v + w + s = 1$ (siehe Seite 12). Das bedeutet: Jede auch denkbare Farbnuance besteht immer aus einem Anteil Buntfarbe (v steht für Vollfarbe) einem Anteil Weiss (w) und einem Anteil Schwarz (s). Für jede Buntfarbe im Kreis fertigte Ostwald ein solches farbtongleiches Dreieck an. Ordnet man diese 24 gleichseitigen Dreiecke einander zu, entsteht der Doppelkegel [13], an dessen oberer Spitze Weiss, senkrecht darunter Schwarz und auf der waagrechten Ebene der Kreisring der Buntfarben steht. Da Ostwald Farblösungen zur Herstellung seines Farbkreises verwendete, sind seine Farben nur schwer in Malfarben umzusetzen.

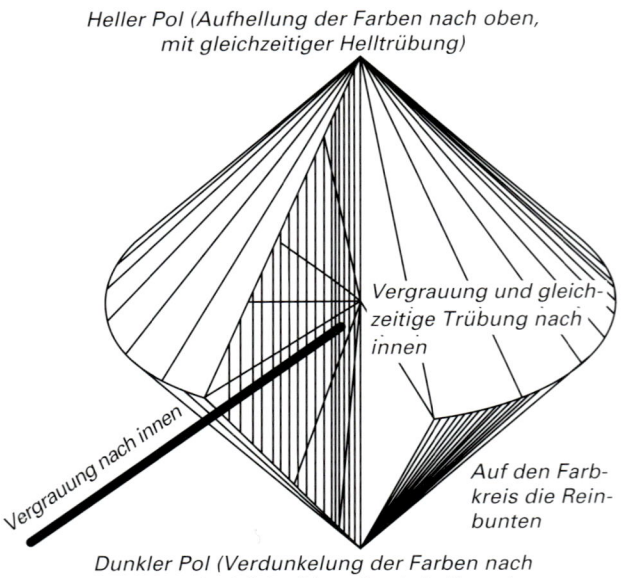

Doppelkegel

Ostwald veröffentlichte auch eine Harmonielehre, die vorerst auf grosses Interesse stiess, sich aber in der praktischen Malerei nie richtig durchsetzte. Sein Doppelkegel als dreidimensionales Farbordnungsmodell erfreut sich nach wie vor grosser Beliebtheit und kommt weltweit in Einsatz.

Ein 8teiliger (diatonischer) Farbkreis nach Adolf Hölzel (1853–1934)

Der 8teilige Kreis wurde aus Goethes 6teiligem Farbkreis entwickelt. Er wurde zu Hölzels Zeit deshalb als diatonisch bezeichnet, weil seine acht Farben den acht Tönen einer Tonleiter entsprechen. Goethes 6teiliger Farbkreis wurde aus zwei

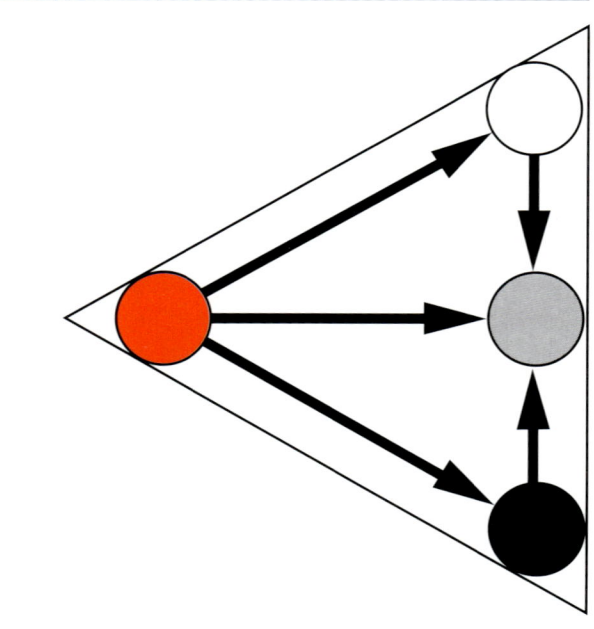

Farbtongleiches Dreieck (Schema) nach Ostwald

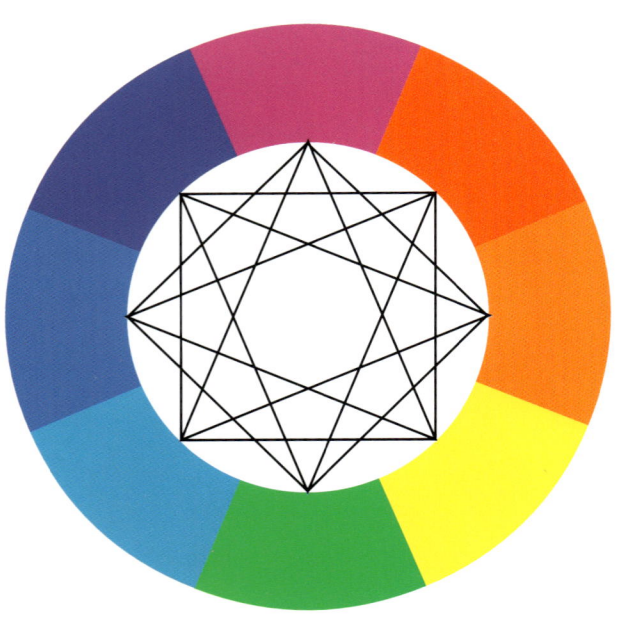

Diatonischer Farbkreis nach Hölzel

verschränkten Dreiecken aufgebaut, im 8teiligen Farbkreis bilden zwei verschränkte Quadrate die Grundlage. Der Farbkreis enthält vier komplementäre Paare: Oben (wie bei Goethe) Purpur (Purpurrot 350), senkrecht darunter Mittelgrün (Grasgrün 220). Rechts dann, im Uhrzeigersinn, die Farbstufen Hochrot (Kadmiumrot hell 560) – diametral gegenüber Cyanblau (Permanentblau 670, links von Mittelgrün), dann auf Hochrot folgend Orange mittel (Rotgelb 040), ihm gegenüber Blau (Kobaltblau mittel 660) und unten, rechts von Mittelgrün, Gelb (Zitronengelb 240), ihm gegenüber Violett = Blauviolett (Dunkelultramarinblau 640)[14].

Ein 12teiliger (chromatischer) Farbkreis nach Adolf Hölzel

Oben steht ebenfalls Purpur (Purpurrot 350), Gelb (Zitronengelb 240) jedoch rechts und Cyanblau (Permanentblau 670) links. Purpur gegenüber steht Mittelgrün (Grasgrün 220), vis-à-vis von Gelb Blauviolett (Dunkelultramarinblau 640). Auf der rechten Seite – im Uhrzeigersinn – folgt auf Purpur Karminrot (Karmin 080), ihm steht unten links Blaugrün (gemischt aus Grasgrün 220 und Permanentblau 670) gegenüber. Auf Karminrot folgt Hochrot (Kadmiumrot hell 560), es bildet zusammen mit Cyan ein komplementäres Paar. Dann folgt mittleres Orange (Rotgelb 040), ihm waagrecht gegenüber steht Blau (Kobaltblau mittel 660). Auf Orange folgt Gelb (Zitronengelb 240) und schliesslich Gelbgrün (gemischt aus Zitronengelb 240 und Grasgrün 220), welches zusammen mit dem links von Purpur stehendenden Rotviolett (gemischt aus Pupurrot 350 und Dunkelultra-

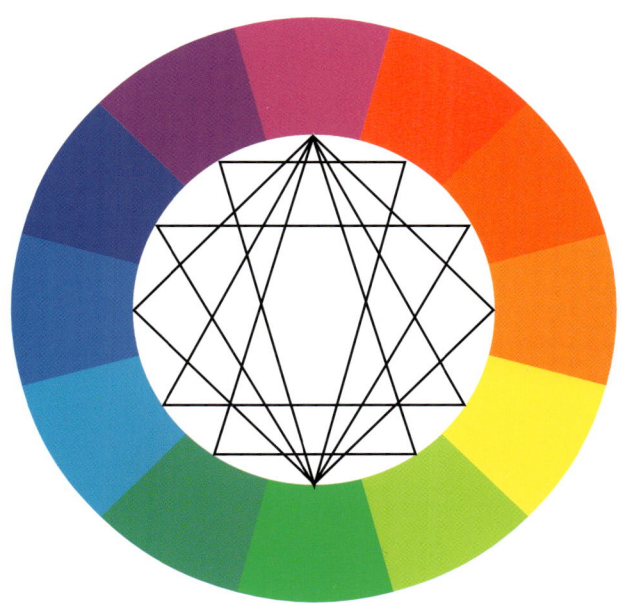

Chromatischer Farbkreis nach Hölzel

24teiliger Farbkreis mit Gegenfarben

marinblau 640) ein weiteres komplementäres Paar bildet.

Der 12teilige Farbkreis entwickelte sich aus dem 8teiligen. Wie der diatonische Kreis der 8teiligen Tonleiter ist der 12teilige der 12teiligen Tonleiter mit ihren Halbstufen gleichzusetzen. Der reichbesetzte Begriff Rot wird zweimal geteilt, nämlich in Karmin und Hochrot (Zinnober, Kadmiumrot), wobei Karmin zwischen dem würdigen Purpur und dem brennenden Hochrot vermittelt. Grün wird ebenfalls geteilt: in Mittelgrün, Gelbgrün und Blaugrün. Violett (vorher bereits schon ein Blauviolett) ist durch Blauviolett einerseits und Rotviolett anderseits abgelöst worden[15].

Die in beiden Kreisen eingeschriebenen geometrischen Figuren zeigen die harmonischen Beziehungen der einzelnen Farben zueinander.

Ein 24teiliger Farbkreis mit Gegenfarben

Ein 24teiliger Farbkreis: Zitronengelb gegenüber steht auf der senkrechten Achse Ultramarinblau hell, rechts steht Karminrot und ihm gegenüber Mittelgrün. Die Farbübergänge von Gelb zu Rot und erfolgen über die Tubenfarben Zitronengelb, Mittelgelb, Orange, Hochrot zu Karmin, dann weiter von Karmin über Magenta zu Violett und zu Ultramarinblau hell. Von Ultramarinblau hell über Kobaltblau zu Cyan, von Cyan zu Mittelgrün und von Mittelgrün zu Gelbgrün und schließlich wieder zu Zitronengelb. Im inneren, kleineren Kreisring wird jeder Farbe jeweils die Gegenfarbe (nicht die Komplementärfarbe) angeschlossen[16].

Johannes Itten (1888–1967)

Im wohl bekanntesten Farbkreis, nämlich im 12teiligen Farbkreis von Johannes Itten (siehe Seite 14 unten), kommt Gelb als leichteste und hellste Farbe nach oben. Blau steht links und Rot rechts. Das gleichseitige Dreieck im Innern des Kreises zeigt die Primärfarben. In den stumpfwinkligen Dreiecken, die zusammen ein regelmässiges Sechseck bilden, stehen die Sekundärfarben Orange, Grün und Violett. Die Spitzen sämtlicher Dreiecke zeigen jeweils die Stellung der Primär- und Sekundärfarben im Farbkreis an. Itten beschreibt in seiner Farbenlehre, dass als Grundfarben je ein mittleres Gelb, das weder rötlich noch grünlich sein darf, ein mittleres Rot, das weder gelblich noch bläulich sein darf, und ein mittleres Blau, das weder rötlich noch grünlich sein darf, ausgewählt werden müssten. Aus diesen drei Farben sollen alle weiteren Buntfarben des Farbkreises gemischt werden[17].

Gehen wir bei der Herstellung eines Ittenschen Farbkreises von drei mittleren Tönen aus (z. B. Kadmiumgelb mittel 520, Karmin 080, Kobaltblau mittel 660), so werden wir eine arge Enttäuschung erleben, denn auch nur annähernd reine Sekundärfarben lassen sich daraus nicht ermischen.

Die Praxis kennt drei Mischsortimente, die sich zur Herstellung dieses Farbkreises eignen:

1. Zwei Gelb, zwei Rot und zwei Blau

Gelb: Zitronengelb 240/Goldkadmium 530

Blau: Permanentblau 670/Dunkelultramarinblau 640

Rot: Kadmiumrot hell 560/Purpurrot 350

2. Ein Gelb, ein Orange, ein Rot, ein Violett, ein Blau und ein Grün

Gelb: Zitronengelb 240

Orange: Kadmiumrot hell 560 (als Rotorange)

Violett: Dunkelultramarinblau 640 (als Blauviolett)

Grün: Grasgrün 220

Rot: Purpurrot 350

Blau: Permanentblau 670

3. Drei Gelb, drei Rot, drei Blau, ein Orange, ein Grün und ein Violett

Gelb: Zitronengelb 240, Kadmiumgelb mittel 520, Goldkadmium 530

Rot: Kadmiumrot hell 560, Karmin 080, Purpurrot 350

Blau: Permanentblau 670, Kobaltblau mittel 660, Dunkelultramarinblau 640

Orange: Rotgelb 040

Violett: Kobaltviolett 620

Grün: Grasgrün 220

1. Primärfarben oder – nach Itten – Farben erster Ordnung

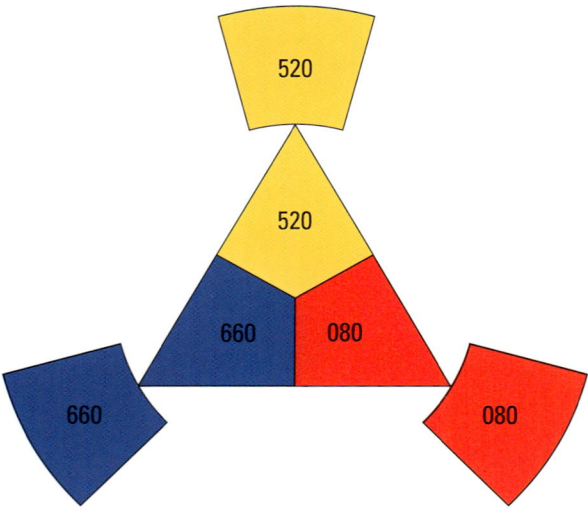

2. Sekundärfarben oder – nach Itten – Farben zweiter Ordnung

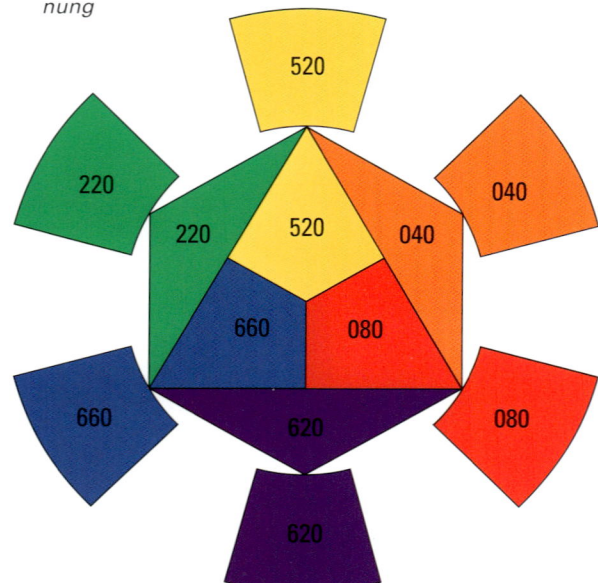

3. Der ganze Farbkreis mit – nach Itten – den Farben dritter Ordnung

Farbkreis nach Itten

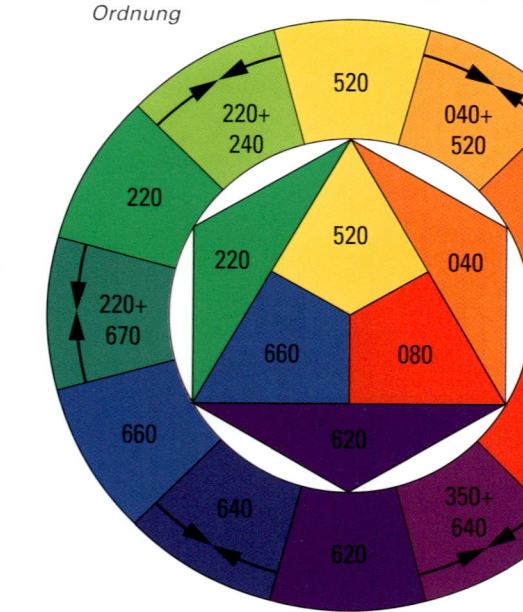

Eine von verschiedenen Möglichkeiten, um einen Ittenschen Farbkreis herzustellen

Paul Klee (1879–1940)

verwendete in seinem Unterricht am Bauhaus (unter anderem) ein Farbfünfeck. Jede der fünf Ausgangsfarben Weiss, Schwarz, Gelb, Rot, Blau bildet eine Seite eines Fünfsterns. Klee nannte ihn den Totalitätsstern der farbigen Ebenen [18].

Macht man sich die Mühe und malt diesen Farbstern nach Klees Angaben aus, entsteht ein reizvolles Gebilde, das aber je nach Auswahl der Malfarben einen völlig andern Charakter annimmt.

Das hier gezeigte Beispiel wurde ausgemalt in den Grundfarben Gelb (Zitronengelb 240) und Magenta (Purpurrot 350) und Cyan (Permanentblau 670) und Weiss (001) und Schwarz (Elfenbeinschwarz 496). Alle Mischungen wurden aus diesen drei Grundfarben erzeugt. An die Stelle der hier bezeichneten Grundfarben Gelb, Rot und Blau können beliebige andere Gelb-, Rot- oder Blaunuancen eingesetzt werden. Das Erscheinungsbild des Sterns wandelt sich je nach Farbauswahl.

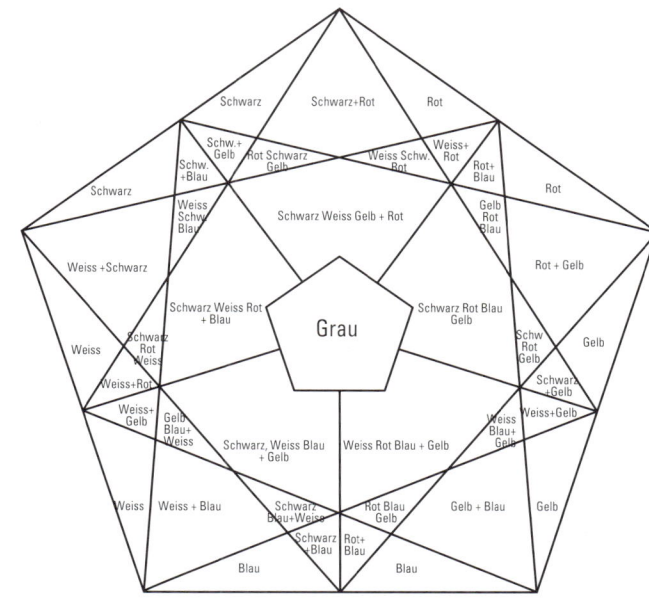

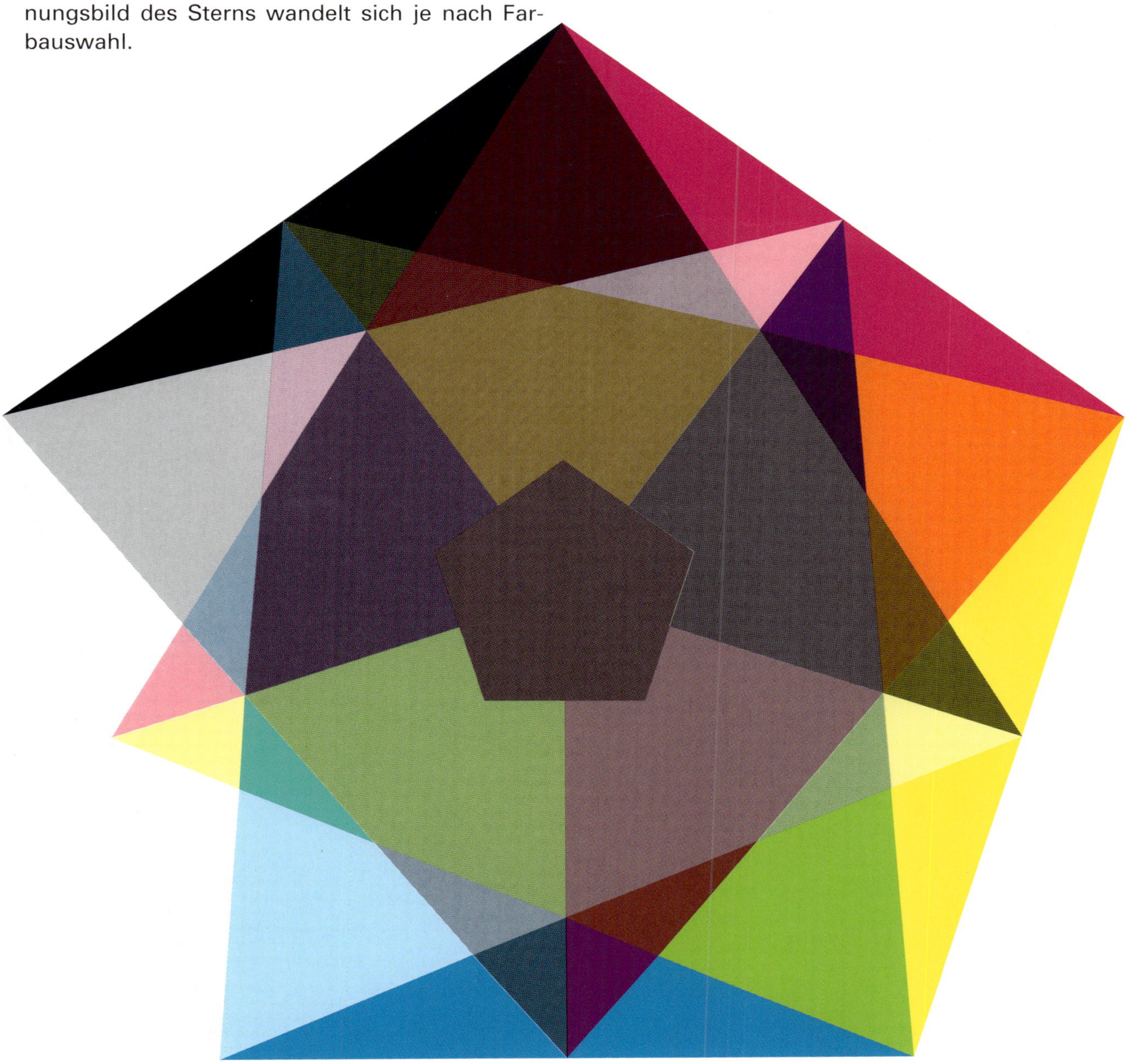

Für die Herstellung eines Farbkreises, der aus lauter Buntfarben bestehen soll, braucht man mindestens 6 Buntnuancen und für weitere Arbeiten dann noch zusätzlich Weiss und Schwarz. Wie man sich sein Mischfarbensortiment zusammenstellt, hängt davon ab, was man dabei lehren und lernen will.

Die nachfolgenden Tabellen (Seite 18–23) sollen helfen, ein eigenes Sortiment zu finden.

Als Alternative zum viel verwendeten Ittenschen Farbkreis zeigten wir im Vorspann weitere Farbkreise. Auch die Farbkreise von Goethe und Hölzel haben sich in der Praxis und im Unterricht gut bewährt.

Als Alternative zur Kontrastlehre von Johannes Itten zeigen wir Ihnen die Lehre der Farbkontraste seines Lehrers Adolf Hölzel, soweit sie einigermassen aus noch zugänglichen Quellen rekonstruierbar ist, und wir zeigen Möglichkeiten, wie sie mit unseren neuen Farben (Gouache extrafine, Caran d'Ache) auch zeitgemäss praktizierbar ist. Wir folgen dabei weitgehend den Ausführungen einer Hölzel-Schülerin, Carry van Biema, so wie sie Hölzels Farbenlehre im längst vergriffenen Buch *Farben und Formen als lebende Kräfte* beschrieben hat. Natürlich verlassen wir uns – wie eingangs erwähnt – auch noch auf weitere Quellen (siehe Anmerkungen und Quellen). Gleichzeitig möchten wir Sie damit ermutigen, weitere Farbenlehren zu konsultieren und für sich selbst und für Ihre eigene Praxis umzusetzen, um das zu finden, was Ihnen in der Gestaltung mit Farbe persönlich am nächsten steht. Mischübungen in der Farbkreisordnung, aber auch Farbübergänge von einer Farbe zur andern, können auch durch bandartiges Umfahren einer Ausgangsform erstellt werden (siehe Seite 17). Jedes nächstfolgende Band erhält etwas mehr von der Tubenfarbe beigemischt, die als nächste erreicht werden soll. Sind wir bei einem reinen Tubenfarbton angelangt, muss der Pinsel sauber mit Wasser und Seife gewaschen werden. Auch kleine Farbreste in Pinsel und Malwasser können das Mischergebnis beeinträchtigen. Solche Übungen können mit jedem von uns vorgeschlagenen Sortiment ausgeführt werden – die Übung wird zum Spiel, die Farbe ganzheitlich erlebt, und das langweilige Ausmalen vorgegebener geometrischer Flächen fällt weg.

Auf die Funktion der Tertiärfarben gehen wir im Kapitel Farbgestaltung unter Komplementärkontrast (Seite 35) und 9teiliges Farbdreieck (Seite 54) ein. Die Praxis der Malerei kennt sogenannte Erd- oder Eisenoxydfarben, Pigmente, auf die man in der Malerei nur ungern verzichtet. Sie nehmen in der Praxis die Stellung der Tertiärfarben ein.

In unsern Sortimentsvorschlägen auf den nachfolgenden Seiten finden Sie jeweils ein paar der beliebtesten Pigmente.

    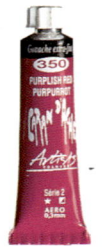   

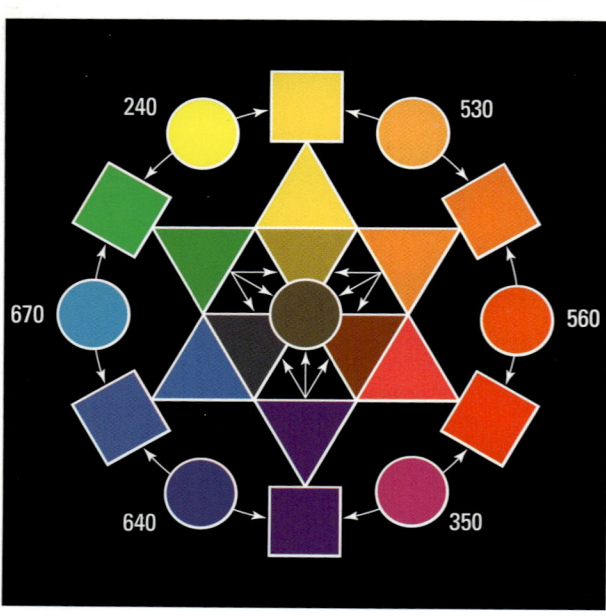

Das neue Studio-Set: 8 Grundfarben für ein optimales Farbenmischen

Mit den 6 Buntnuancen (2 Gelb, 2 Rot und 2 Blau) können alle reinbunten Farbtöne in optimaler Weise ausgemischt werden.

Die Primärfarben Gelb, Rot und Blau werden in diesem neuen Studio-Set durch je 2 Farbnuancen repräsentiert. Die Primärfarbe Gelb zum Beispiel wird in ein Gelb für die Grün- und ein Gelb für die Orangenuancen aufgeteilt. Mit diesen 6 verschiedenen Buntnuancen ist ein Mischen der Primär- und Sekundärfarben mit voller Buntkraft möglich. Ferner können schöne komplementäre Grautöne und intensive Tertiärfarben erzielt werden. Mit den unbunten Farbtönen Schwarz und Weiss lassen sich alle Farben nach Schwarz, Grau und Weiss modulieren.

Kreisförmige Ausmischübung[19]

Möglichkeit 1

Jede Primärfarbe wird in drei Nuancen aufgeteilt. Gleichzeitig werden auch die Sekundärfarben als Tubenfarben eingesetzt. Die Ausmischung der drei Gelb, der drei Rot und der drei Blau zeigt auf, dass je nach Farbpaar ganz unterschiedliche Sekundärfarben entstehen können.

Mit dieser Farbauswahl können wir alle im Vorspann erwähnten Farbkreise erstellen.

Besonders geeignet aber ist dieses Sortiment für das Erarbeiten der Ittenschen Farbenlehre. Die Stellung der Farben in dieser Tabelle richtet sich jedoch nach den Farbkreisen von Adolf Hölzel. Gegenüberliegende Farben sind nicht oder nur zum Teil komplementär.

Weiss 001
Elfenbeinschwarz 496

Gelb:
Zitronengelb 240
(Yellow, Primärgelb)
Kadmiumgelb mittel 520
Gold Kadmiumgelb 530

Rot:
Kadmiumrot hell 560
Karmin 080
Purpurrot 350
(Magenta, Primärrot)

Blau:
Dunkelultramarinblau 640
Kobaltblau mittel 660
Permanentblau 670
(Cyan, Primärblau)

Orange:
Rotgelb 040
Grün:
Grasgrün 220
Violett:
Kobaltviolett 620

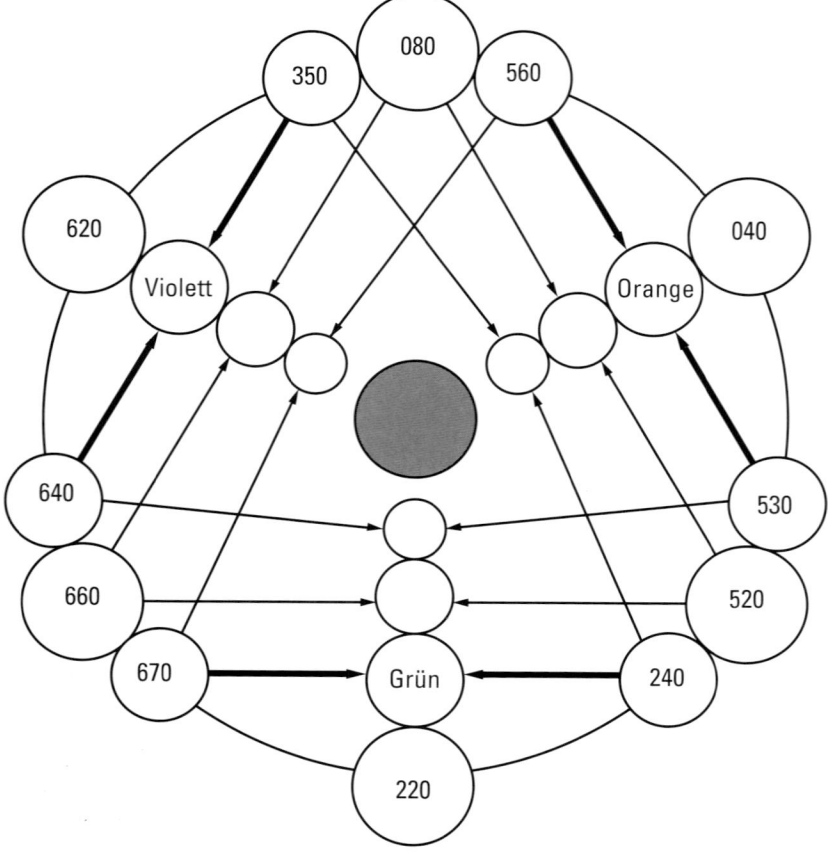

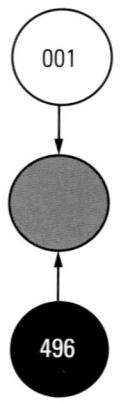

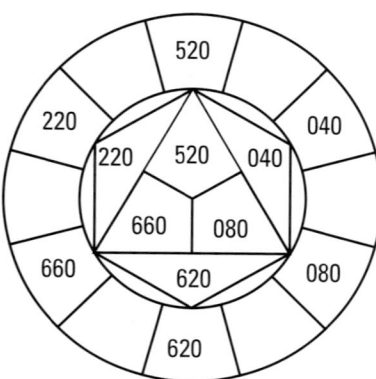

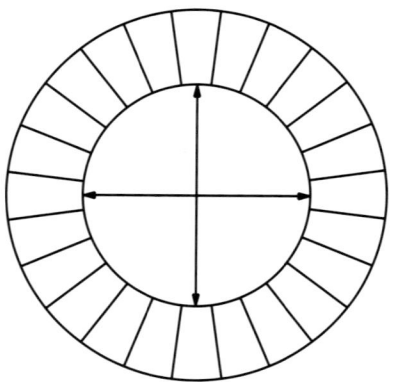

Farbkreis nach Itten   *24teiliger Farbkreis mit Gegenfarben*   *24teiliger Farbkreis*

Möglichkeit 2

Jede Primärfarbe wird in zwei Nuancen aufgeteilt. Aus den Mischungen dieser Nuancen entstehen relativ reine Sekundärfarben. Mit diesem Sortiment können alle vorhin beschriebenen Farbkreise erstellt werden. Die Entstehung von Sekundärfarben aus Primärfarben kann mit diesem Sortiment demonstriert werden.

Das Mischen von Komplementärgrau ist mit dieser Farbauswahl relativ kompliziert, auch müssen sogenannt *mittlere* Primär- und Sekundärfarben, wie sie die Ittensche Farbenlehre verlangt, durch Mischung erzeugt werden. Fixpunkte – feststehende Nuancen – für einzelne Farben im Farbkreis sind nicht a priori vorhanden, sondern müssen immer wieder von neuem gesucht werden. Aber dieses Sortiment eignet sich trotzdem gut für die Erarbeitung der Farbenlehre von Itten – deshalb richtet sich hier die Stellung der Mischfarben in dieser Tabelle nach dem Farbkreis von Itten aus.

Weiss 001
Elfenbeinschwarz 496

Gelb:
Zitronengelb 240
(Yellow, Primärgelb)
Gold Kadmiumgelb 530

Rot:
Kadmiumrot hell 560
Purpurrot 350
(Magenta, Primärrot)

Blau:
Dunkelultramarinblau 640
Permanentblau 670
(Cyan, Primärblau)

Mögliche Zusatzfarben
(Tertiärfarben)
Goldocker 033
Englischrot 063
Siena gebrannt 069
Preussischblau 159

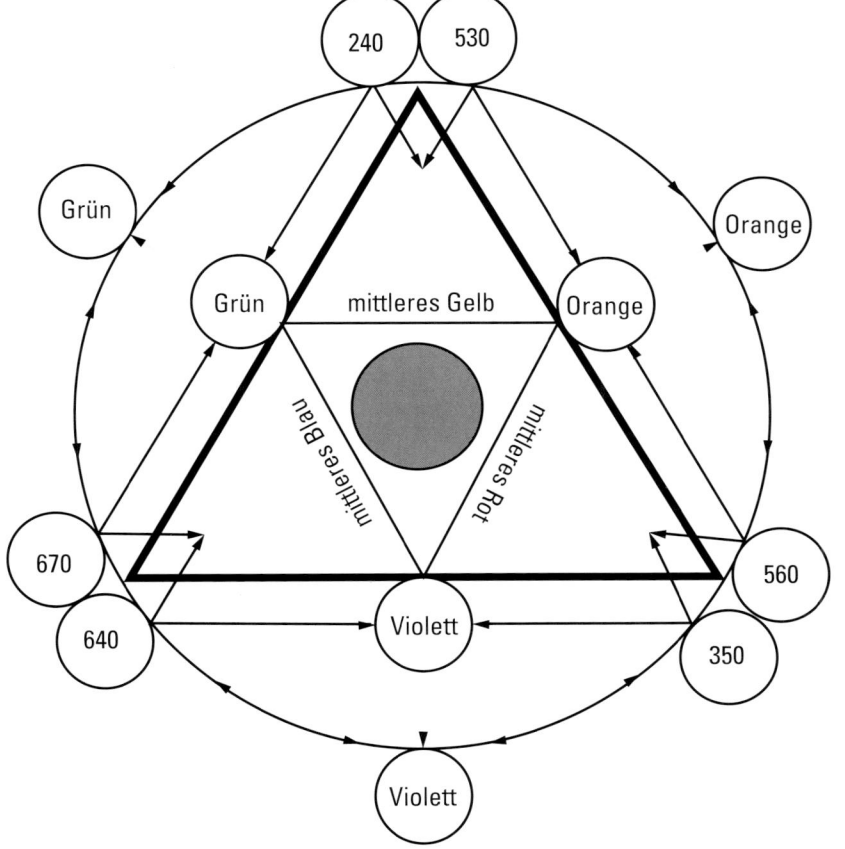

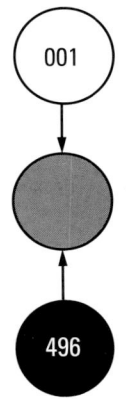

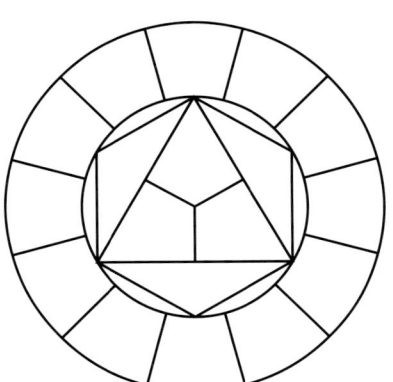

Farbkreis nach Itten

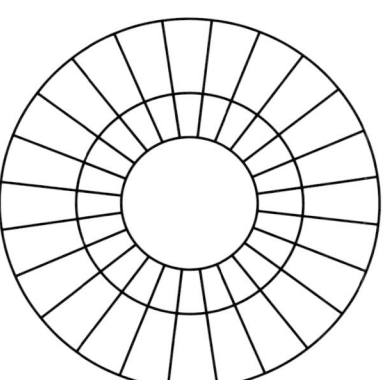

24teiliger Farbkreis mit Gegenfarben

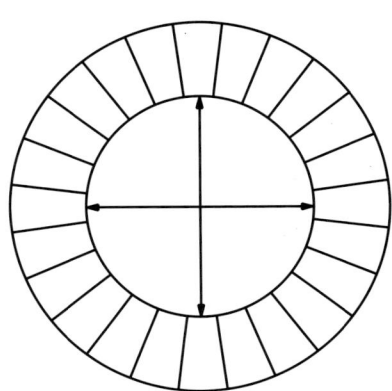

24teiliger Farbkreis

Komplementärmischungen

Um ein komplementäres Grau mischen zu können, benötigen wir mit diesem Sortiment jeweils drei Farben, die so gegeneinander ausgemischt werden müssen, bis sie sich neutralisiert haben. Vorsicht: In dieser Figur würden sich Komplementärfarben nicht diametral gegenüberliegen!

Weiss 001
Elfenbeinschwarz 496

Gelb:
Zitronengelb 240
(Yellow, Primärgelb)
Gold Kadmiumgelb 530

Rot:
Kadmiumrot hell 560
Purpurrot 350
(Magenta, Primärrot)

Blau:
Dunkelultramarinblau 640
Permanentblau 670
(Cyan, Primärblau)

Mögliche Zusatzfarben
(Tertiärfarben)
Goldocker 033
Englischrot 063
Siena gebrannt 069
Preussischblau 159

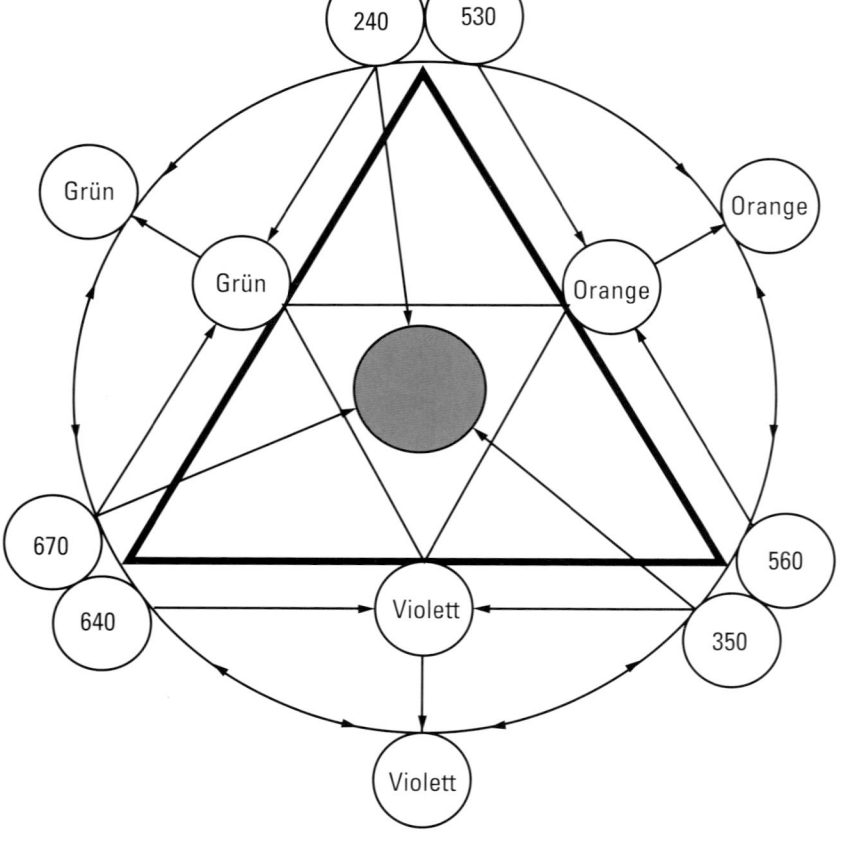

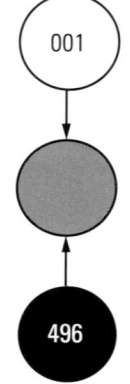

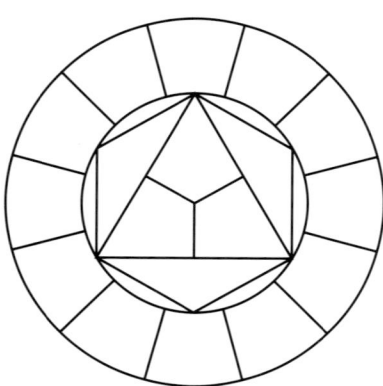

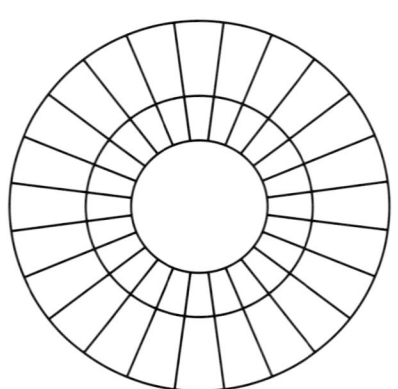

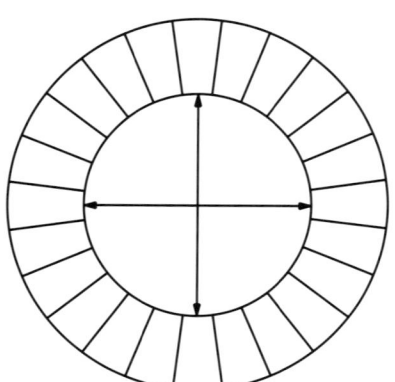

Farbkreis nach Itten   *24teiliger Farbkreis mit Gegenfarben*   *24teiliger Farbkreis*

Möglichkeit 3

Drei Primärfarben und drei Sekundärfarben:

Die Farben aus dem Goetheschen Farbkreis, hier in der Goetheschen Anordnung, ergeben – umgesetzt in Tubenfarben – ein neues Sortiment, bestehend aus drei Primär- und drei Sekundärfarben. Die sich im Farbsechseck diametral gegenüberliegenden Farben sind weitgehend komplementär. Die Nuancen des Mischfarbesatzes sollten mindestens unter diesem Gesichtspunkt ausgewählt werden. Die Figur führt zum 12teiligen Farbkreis von Adolf Hölzel (seitenverkehrt). Es handelt sich bei dieser Farbauswahl um ein sehr geeignetes Sortiment, mit welchem alle im Vorspann beschriebenen Farbkreise erstellt werden können. Vor allem aber die Farbkreise von Goethe, Runge, Hölzel, aber auch das Farbsechseck nach Harald Küppers.

Weiss 001
Elfenbeinschwarz 496

Gelb:
Zitronengelb 240
(Yellow, Primärgelb)

Rot:
Kadmiumrot hell 560
Purpurrot 350
(Magenta, Primärrot)

Blau:
Dunkelultramarinblau 640
Permanentblau 670
(Cyan, Primärblau)

Grün:
Grasgrün 220

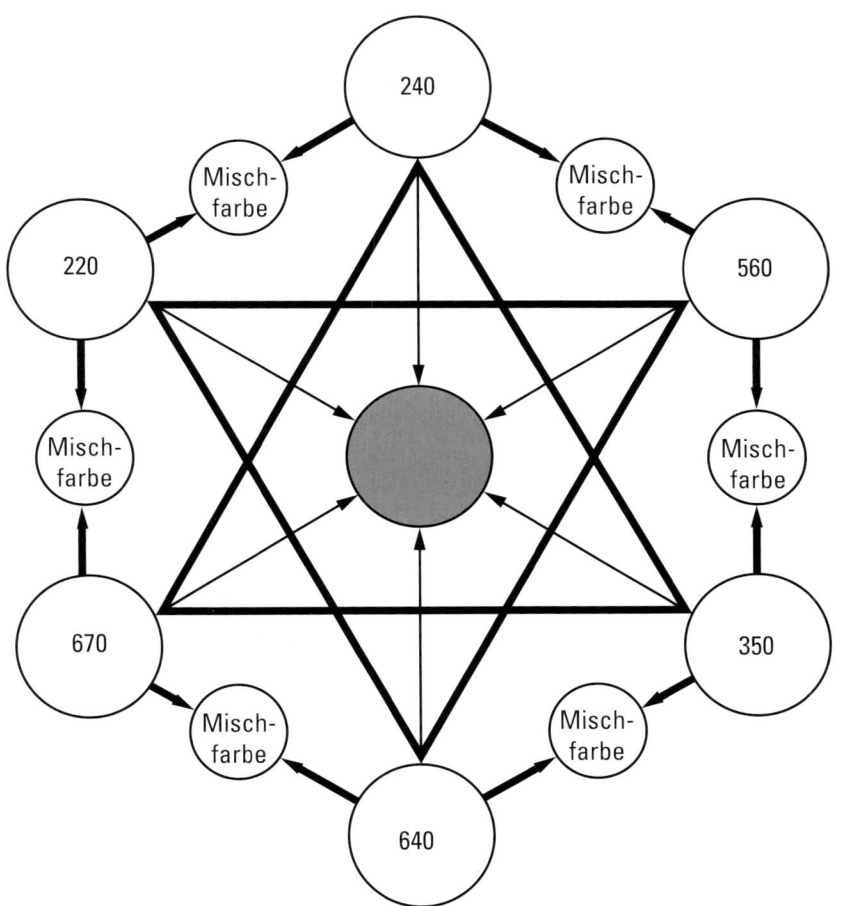
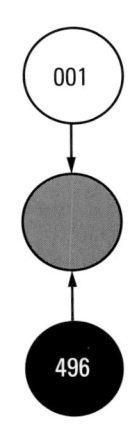

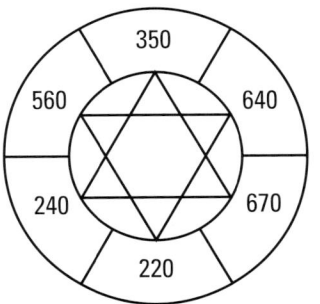

Farbkreis nach Goethe

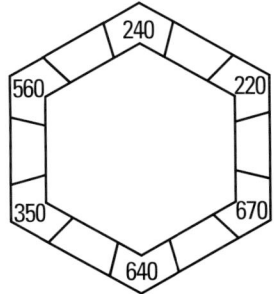

Farbsechseck nach Küppers

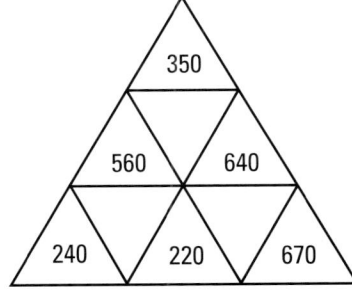

9teiliges Farbdreieck

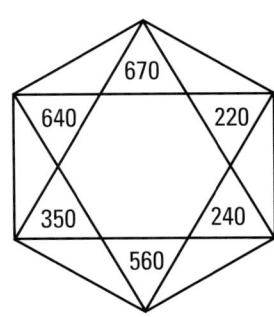

Farbstern nach Runge

Möglichkeit 4

Die Farben aus dem Goetheschen Farbkreis, hier in der Hölzelschen Stellung, ergeben, um zwei Tubenfarben erweitert, ein neues Sortiment und nähern sich so dem 8teiligen Hölzelschen Farbkreis.

Weiss 001
Elfenbeinschwarz 496

Gelb:
Zitronengelb 240
(Yellow, Primärgelb)

Orange:
Rotgelb 040

Rot:
Kadmiumrot hell 560
Purpurrot 350
(Magenta, Primärrot)

Blau:
Dunkelultramarinblau 640
Kobaltblau mittel 660
Permanentblau 670
(Cyan, Primärblau)

Grün:
Grasgrün 220

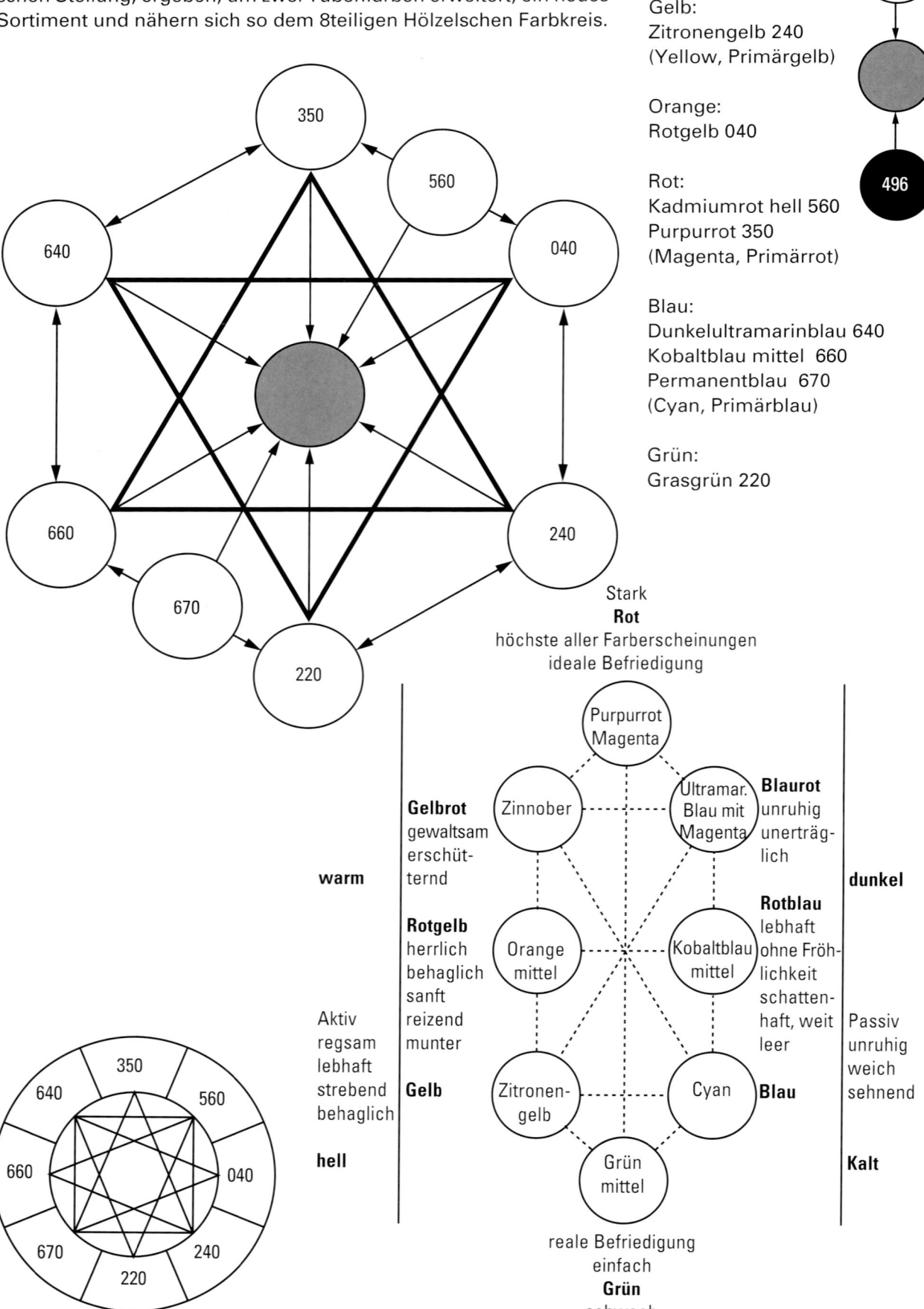

Stark
Rot
höchste aller Farberscheinungen
ideale Befriedigung

	warm			dunkel	
	Gelbrot gewaltsam erschüt- ternd			**Blaurot** unruhig unerträg- lich	
	Rotgelb herrlich behaglich sanft reizend munter			**Rotblau** lebhaft ohne Fröh- lichkeit schatten- haft, weit leer	Passiv unruhig weich sehnend

Aktiv
regsam
lebhaft
strebend **Gelb**
behaglich

hell

Blau

Kalt

reale Befriedigung
einfach
Grün
schwach

Diatonischer Farbkreis nach Hölzel   *Farbsechseck nach Goethe und Hermann* [20]

Möglichkeit 5

Das Farbsortiment, bestehend aus drei Primär- und drei Sekundärfarben, führt zum 12teiligen Farbkreis von Adolf Hölzel – hier auf 12 Tubenfarben ergänzt.

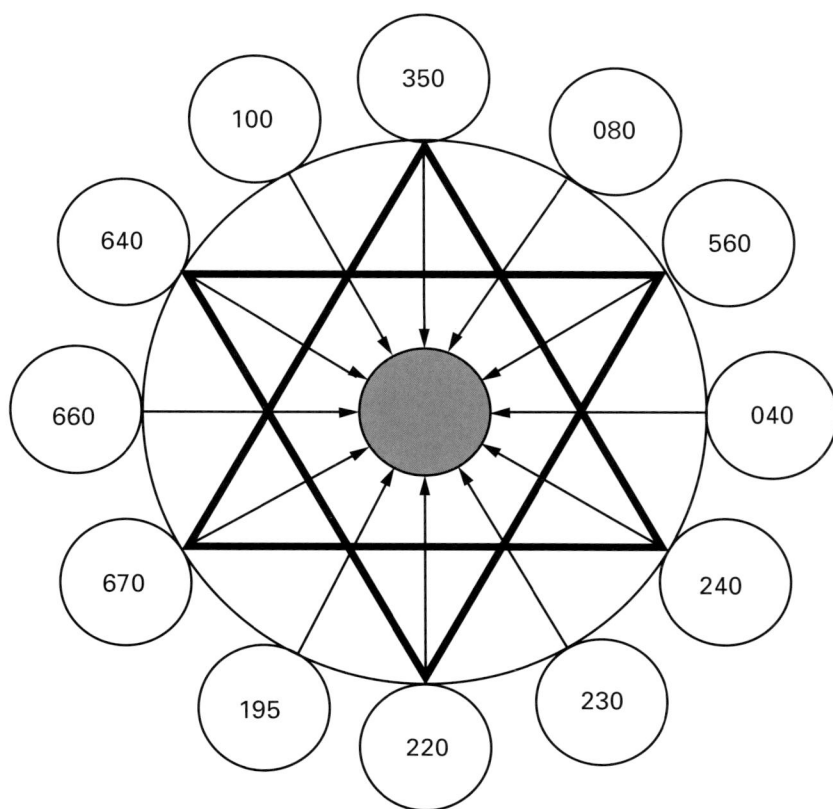

Weiss 001
Elfenbeinschwarz 496

Gelb:
Zitronengelb 240
(Yellow, Primärgelb)

Orange:
Rotgelb 040

Rot:
Kadmiumrot hell 560
Karmin 080
Purpurrot 350
(Magenta, Primärrot)

Violett:
Purpurviolett 100

Blau:
Dunkelultramarinblau 640
Kobaltblau mittel 660
Permanentblau 670
(Cyan, Primärblau)

Grün:
Gelbgrün 230
Grasgrün 220
Opalgrün 195

Zusatzfarben (Tertiärfarben):
Goldocker 033
Englischrot 063
Siena gebrannt 069
Preussischblau 159
Umbra natur 049
Anthrazit 409

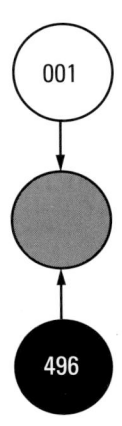

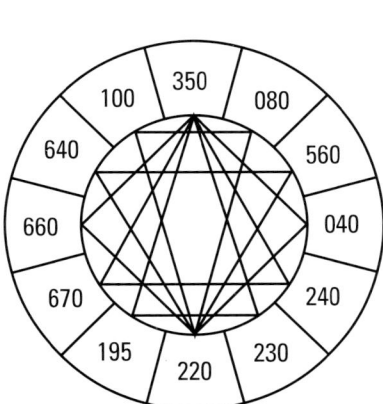

Chromatischer Farbkreis nach Hölzel

Lebenslauf

Adolf Hölzel lebte von 1853 bis 1934. Nach seiner Ausbildung in den Akademien Wien und München eröffnete er in Dachau bei München eine freie Kunstschule. Hölzel war ein hervorragender Kunstpädagoge, und wegen seiner unkonventionellen Lehrmethoden erlangte er als solcher sehr bald grosse Berühmtheit. Schüler aus aller Welt kamen nach Dachau, um bei ihm zu studieren.

1905 wurde er als Professor an die Kunstakademie Stuttgart berufen. Er lehrte dort von 1906 bis 1919.

Zu seinen bekanntesten Schülerinnen und Schülern in Dachau und Stuttgart gehörten:

Die Schweden Ernst Norlind, Axel Törnemann, Thora Holmström, Agnes Wielander, Carl Otto Petersen, die Deutschen Emil Hansen (bekannt als Emil Nolde), Lily Hildenbrandt, Emmy Wollner, August von Brandis, Hans Stenner, Eduard Pfennig, Oskar Schlemmer, Willy Baumeister, Max Ackermann, Carry van Biema, die Baltin Ida Kerkovius, die Russin Maria Lemmé, die Schweizer Hans Brühlmann, Otto Meyer-Amden, Johannes Itten, Alfred Heinrich Pellegrini, Louis Moillet, Martha Cunz, um einige wenige zu nennen.

Die Farbenlehre von Hölzel

Zum Kern der Hölzelschen Farbenlehre gehören die Farbkontraste, die in ihrer Darstellung Ähnlichkeiten aufweisen mit den Farbkontrasten aus der Farbenlehre von Johannes Itten. Dann gehören dazu die farbigen Überflutungen, die direkten und die simultanen Überflutungen, das 9teilige Farbdreieck und der 8teilige- und der 12teilige Farbkreis.

Allen unseren weiteren Ausführungen liegen denn auch die beiden Hölzelschen Farbkreise zugrunde. Es ist daher wichtig, dass man sie im folgenden immer wieder zu Rate zieht.

Die Farbkontraste nach Hölzel

Hölzel unterschied in seiner Farbenlehre sieben Kontraste. Die Lehre von diesen sieben Kontrasten stellte er bereits 1890 auf. Hölzel verschaffte damit seinen Schülern Einblick in das geheimnisvolle Zusammenwirken der Farben. Jeder einzelne Kontrast betont eine bestimmte Eigenschaft der Farbwahrnehmung ganz besonders stark, doch wirken in jedem einzelnen Kontrast natürlich alle übrigen Kontraste in einem feinen, reizvollen Mit- und Gegeneinander zusammen. Das Betonen und Hervorheben einer einzelnen Eigenschaft schliesst die andern Eigenschaften nicht gänzlich aus.

Die sieben Farbkontraste nach Hölzel.

1. Die Farben an und für sich
2. Hell-Dunkel
3. Kalt-Warm
4. Komplementär
5. Leuchtend-Matt
6. Viel-Wenig
7. Farbe zu Nichtfarbe

Zum Vergleich die sieben Farbkontraste nach Johannes Itten[21]:

1. Der Farbe-an-sich-Kontrast
2. Der Hell-dunkel-Kontrast
3. Der Kalt-warm-Kontrast
4. Der Komplementär-Kontrast
5. Der Simultan-Kontrast
6. Der Qualitäts-Kontrast
7. Der Quantitäts-Kontrast

Es wird vielfach darauf hingewiesen, die Ittensche Farbenlehre habe sich aus der Hölzelschen Farbenlehre entwickelt. Itten betont jedoch in einem Brief an Professor Baum in Stuttgart[22], er habe nicht die Hölzelsche Farbenlehre weitergeführt, sondern seine eigene, wenn auch unter Berücksichtigung der gleichen Quellen.

Als Quellen der Farbenlehre von Hölzel dienten, wie er selbst darlegt, die Ausführungen von: Helmholtz, Bezold, Rood, Schreiber, Brücke, Chevreul, Wundt, Raehlmann, John Burnet, Owen Jones, Bartolo Brandt, Kreutzer, Kallap, Ostwald[23], nach Carry van Biema dann auch noch die von Leonardo da Vinci, Dürer, Goethe, Schopenhauer, Delacroix, Goerringer, Gleize. In der Aufzählung fehlt Runge. Hölzel scheint sich weniger mit Runge befasst zu haben, als dies Itten tat, der ja auch Runges Farbenkugel in seiner Farbenlehre publiziert[24].

Beide Hölzelschen Farbkreise sind so aufgebaut, dass sich die einzelnen Farben, die sich über den Kreismittelpunkt hinaus, also diametral gegenüberliegen, zur Totalität ergänzen. Totalität heisst eigentlich Ergänzung zum weissen Licht. Doch Malfarben ergänzen sich nicht zu Licht, sondern zu Grau. Die Totalität repräsentiert alle Farben des Farbkreises. Werden die Malfarben der Hölzel-Farbkreise miteinander gemischt, entsteht ein dunkles Komplementärgrau. Will man selbst einen Farbkreis im Sinne von Hölzel – und somit ein in der Praxis funktionierendes Instrument – erstellen, ist darauf zu achten, dass die einzusetzenden Grundfarben des Mischfarbensortiments auch wirklich – zumindest annähernd – komplementär sind. Dies muss dann auch zuerst ausprobiert werden: Man wählt ein komplementäres Paar aus und versucht aus den beiden Farben ein Grau zu mischen, das möglichst neutral ist, weder zur einen noch zur andern Farbe hinneigt und weder zu kalt noch zu warm aussieht. Mischt man dem so erhaltenen Grau etwas Weiss bei, kann man am aufgehellten Ergebnis sehr gut kontrollieren, ob ein neutrales Grau erreicht wurde oder nicht. Man probiere alle komplementären Paare nach diesem Verfahren aus.

Nach Hölzel – und nach Goethe – sind Farbpaare, die sich zur Totalität ergänzen, gleichzeitig auch harmonisch. Auch Runge (s. Farbstern und Farbenkugel) vertrat die Ansicht, dass Farben, die sich über den Mittelpunkt der Farbenkugel auf einer Geraden gegenüberliegen, mit dem Grau im Mittelpunkt verwandt und somit harmonisch sind. Menschen haben verschiedene Vorstellungen über das, was in einer Farbzusammenstellung als harmonisch oder unharmonisch zu betrachten ist, und über Geschmack lässt es sich bekanntlich auch streiten. Die oben dargestellte Theorie ist zumindest ein Versuch wert, und mit komplementären oder nichtkomplementären Drei- und Vier- und Mehrklängen aus beiden Hölzelschen Farbkreisen lassen sich interessante Farbwirkungen erzielen. Komplementär und somit nach unserer Theorie harmonisch sind jene Farbklänge, deren Ausmischung wiederum Grau ergibt. Drei- oder Vierklänge lassen sich zusammenstellen, wenn man Farben so auswählt, dass sie sich innerhalb des diatonischen oder des chromatischen Farbkreises zu einer symmetrischen Dreiecks- oder in einer Vierecksform ergänzen. Dabei ergeben sich gleichschenklige, gleichseitige, rechtwinklige, spitzwinklige und stumpfwinklige Dreiecke, aber auch Rechtecke und Quadrate. Verschiedene Dreiecksformen lassen sich auch zu einem Mehrklang gruppieren. Zählt man alle möglichen Farbkombinationen auf, so ergeben sich an die 116 Möglichkeiten. Die Farbklänge der stumpfwinkligen

Dreiecke ergänzen sich nicht zur Totalität – ihre Ausmischung ergibt kein Grau. Verwendet man solche Farbklänge dennoch in Gestaltungsarbeiten, so kann man beobachten, wie die Farben sich gegenseitig beeinflussen, einander ihren Willen aufzwingen, sich gegenseitig be- und verdrängen, je nach Umgebung kälter oder wärmer erscheinen oder dass sie sich optisch so stark überfluten, dass neue Farben entstehen [25].

Dreiklänge

Mehrklänge
Farben teilen

Vierklänge
Zweiklänge

Vierklänge
Zweiklänge

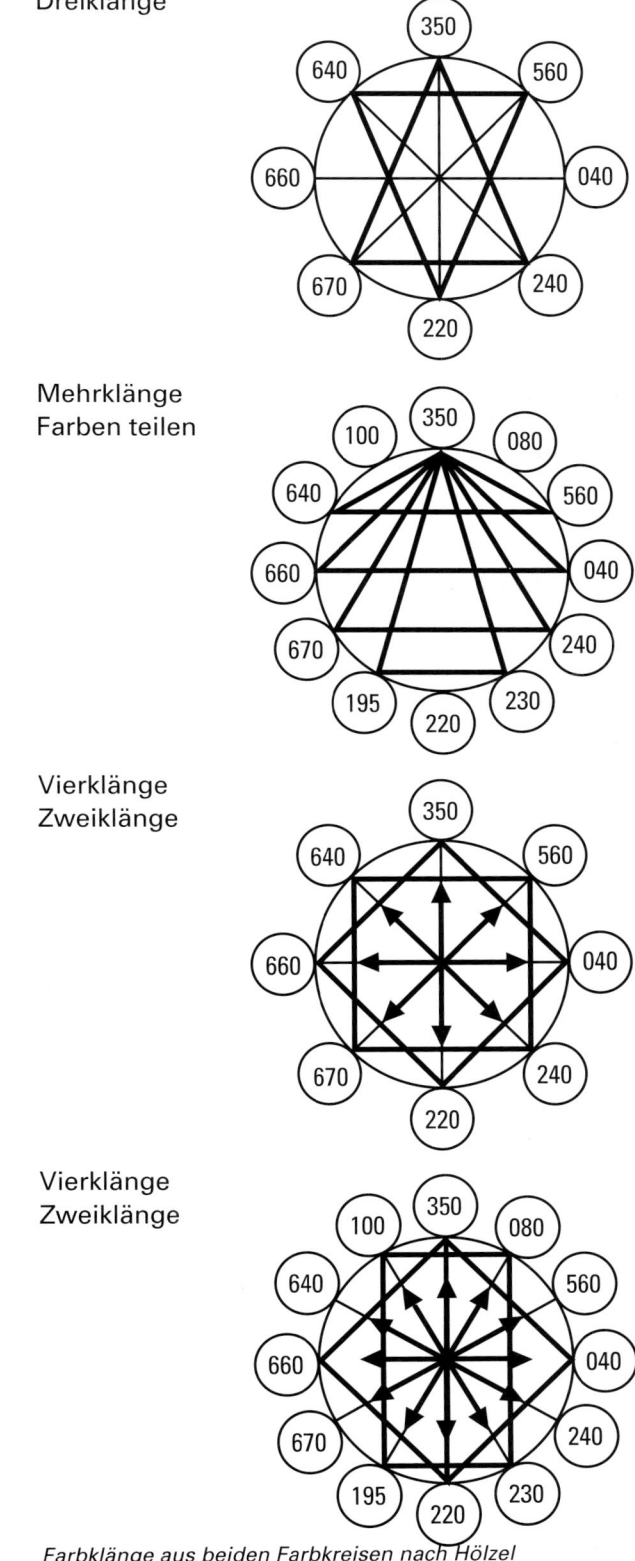

Farbklänge aus beiden Farbkreisen nach Hölzel

Gestaltungsbeispiele: Farbklänge aus beiden Farbkreisen von Adolf Hölzel

Abbildung 1:

Dreiklang der Primärfarben Gelb-Magenta-Cyan (Zitronengelb 240 – Purpurrot 350 – Permanentblau 670). Dieser Dreiklang tritt sowohl im 8teiligen als auch im 12teiligen Farbkreis von Adolf Hölzel auf, und wir begegnen ihm auch in weiteren Farbkreisen. Hölzel nannte diesen Dreiklang auch «Durklang».

Abbildung 2:

Dreiklang der Sekundärfarben Rotorange-Blauviolett-Mittelgrün (Kadmiumrot hell 560 – Dunkelultramarinblau 640 – Grasgrün 220). Hölzel nannte diesen Dreiklang «Mollklang». Auch dieser Dreiklang ist in verschiedenen Farbkreisen, vor allem aber in beiden Farbkreisen von Adolf Hölzel, zu finden

Abbildung 3:

Ein Vierklang, der in verschiedenen Farbkreisen zu finden ist: (Purpurrot 350 – Rotgelb 040 – Grasgrün 220 – Kobaltblau mittel 660).

Abbildung 4:

Ein Vierklang, der in verschiedenen Farbkreisen zu finden ist: (Kadmiumrot hell 560 – Zitronengelb 240 – Permanentblau 670 – Dunkelultramarinblau 640).

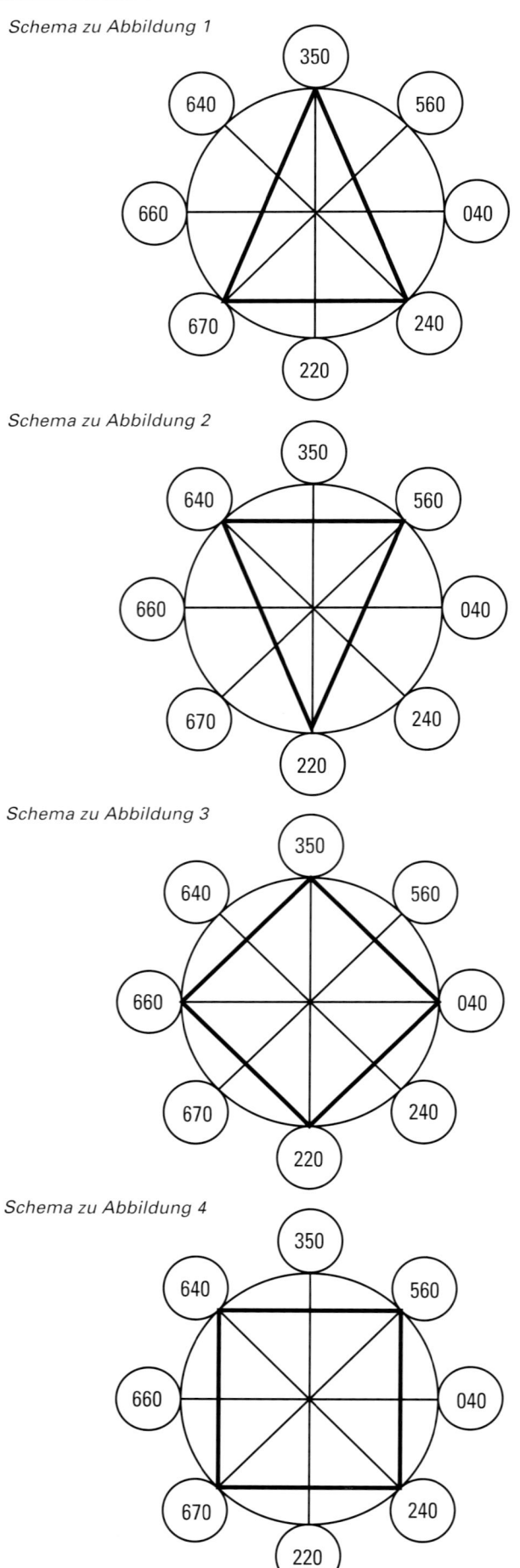

Schema zu Abbildung 1

Schema zu Abbildung 2

Schema zu Abbildung 3

Schema zu Abbildung 4

Schemazeichnung Farbklänge

Abbildung 1

Abbildung 2

Abbildung 3

Abbildung 4

Erster Kontrast (Buntkontrast)

Alle Farben sind – an und für sich – untereinander bereits Kontraste. Farben trennen, teilen ein Bild in Flächen auf. Das kleine Kind lernt spielend die Farben an seinen Spielklötzen zu unterscheiden und sie aufgrund von Farben auch grössenmässig einzuordnen. Mosaiker sammeln die Farben, nach Nuancen getrennt, in einzelnen Kisten. Glasmaler und Textilgestalter ordnen die Farben nach ihrem Aussehen. Nach Farben stellen wir unsere Garderoben zusammen. Farben ordnen, teilen, verbinden, kontrastieren.

Itten reduziert seinen Farbe-an-sich-Kontrast auf die reinbunten Farben des Farbkreises und sagt, dass seine Wirkung durch dieselben am stärksten betont werde. Gleichzeitig sagt Itten auch, dass die stärkste Wirkung des Farbe-an-sich-Kontrastes dann gegeben sei, wenn vor allem die drei Grundfarben Gelb, Rot und Blau, zusammen mit Schwarz und Weiss, verwendet würden. Schwächer – und leiser klingend – sei die Wirkung bei der Verwendung der Farben der zweiten Ordnung: Grün, Violett und Orange.

Im Prinzip ist der Farbe-an-sich-Kontrast oder der Farbe-an-und-für-sich-Kontrast immer und in jeder Farbzusammenstellung gegeben, man spricht aber nur dann davon, wenn alle andern Kontraste ausgeklammert sind. Gemeint ist also immer eine Konstellation von bestimmten Farben und sicher nicht eine einzelne Farbe allein.

Gestaltungsbeispiele: Farbe-an-und-für-sich

Abbildung 1:

Farbe kann im Farbe-an-und-für-sich gesteigert werden, wenn man sie mit kleinen Inselchen – kleinen Flächen in der Komplementärfarbe durchsetzt.

Abbildung 2:

Der *Fächer* oder das *Pfauenrad:* Einer einzelnen Farbe des Farbkreises wird ein ganzer Farbbereich, ein Teil oder die ganze Chromatik der gegenüberliegenden Farbkreishälfte entgegengestellt.

Dadurch wird eine einzelne Farbe, hier die Farbe Rot, sehr reich und nuanciert dargestellt. Angeschlagen ist die Farbe Cyan (Permanentblau 670), ihm entgegen steht der ganze Rotbereich von Kadmiumrot hell bis Magenta und Orange. Einzelne Rotnuancen wurden durch Zugaben von Permanentblau leicht gedämpft und erhalten eine leicht bräunliche Tönung.

Abbildung 3:

Farben *dividieren*:

Man kann eine Farbe im Bild einmal ganz und dann mehrfach geteilt ausspielen, so wie ein Komponist in seiner Komposition den gleichen Ton, den gleichen Akkord, die gleiche Melodie mit verschiedenen Instrumenten spielen lässt. Man teilt eine Farbe, indem man sich im Farbkreis schrittweise im gleichen Abstand von ihrer Mittelachse entfernt.

Ein Beispiel aus dem achtteiligen Farbkreis:

In grossen Flächen erscheint zuerst Kobaltblau mittel 660. Es wird wieder aufgenommen in kleineren Flächen, diese aber erscheinen in den dem Kobaltblau im 8teiligen Farbkreis am nächsten stehenden Farben Blauviolett (Dunkelultramarinblau 640) und Cyan (Permanentblau 670). In noch kleineren Flächen erscheinen die beiden vom Kobaltblau noch weiter entfernten Farben Magenta (Purpurrot 350) und Mittelgrün (Grasgrün 220). Kobaltblau ist das Thema, die weiter verwendeten Farben wiederholen dieses Thema sozusagen mit andern Instrumenten [25].

Abbildung 4:

Farben *addieren*:

Zwei beliebige Farben aus dem Farbkreis werden zu jener einen addiert, die genau zwischen beiden in der Mitte steht. Hier werden Blauviolett (Dunkelultramarinblau 640) und Hochrot (Kadmiumrot hell 560) zu Purpurrot addiert und in dicht nebeneinanderliegenden Streifen ins Bild gesetzt. Die Farben überstrahlen sich und erzeugen im Auge des Betrachters einen leichten purpurnen Schimmer. Auf der andern Seite, unten am Farbkreis, addieren sich Cyanblau (Permanentblau 670) und Zitronengelb 240 zu Grün [26].

Schema zu Abbildung 1: Alle Farben aus dem 8teiligen Farbkreis

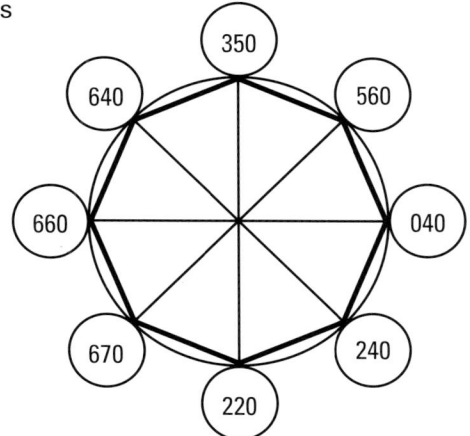

Schema zu Abbildung 2: Fächer oder Pfauenrad
Die gerasterten Kreisflächen zeigen den für das abgebildete Beispiel ausgewählten Farbbereich der sich ausgehend von Purpur über zahlreiche Rotnuancen bis hin zu Orange erstreckt. Dieser Farbbereich steht dem ursprünglich ausgewählten Permanentblau gegenüber.

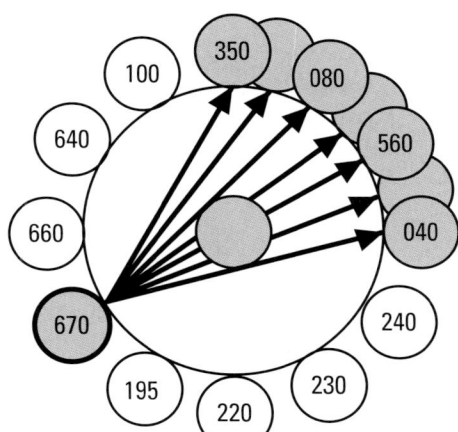

Schema zu Abbildung 3: Farben dividieren

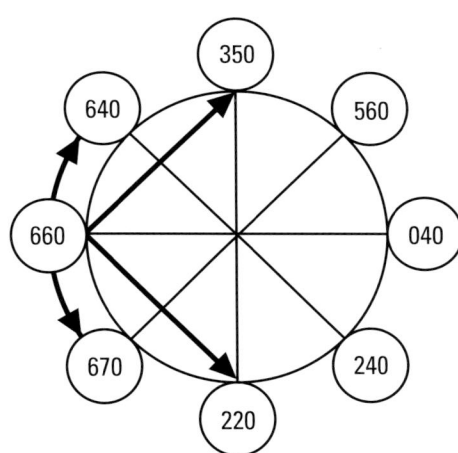

Schema zu Abbildung 4: Farben addieren

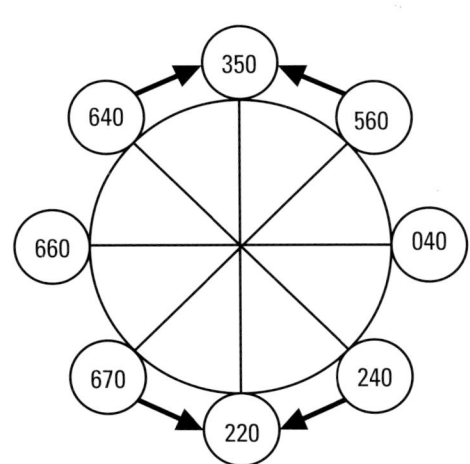

Die Farben-an-und-für-sich

Abbildung 1

Abbildung 2

Abbildung 3

Abbildung 4

Der zweite Kontrast (Helligkeit)

Das Hell-Dunkel ist ein sehr wichtiges bildnerisches Gestaltungsmittel, und es spielt auch in der menschlichen Wahrnehmung eine grosse Rolle. Das Hell-Dunkel kann dem Bild Poesie und Dramatik verleihen. Bei alten Farbordnungen stehen die bunten Farben zwischen Hell und Dunkel (Leonardo da Vinci). Goethe zeigte in seinen Versuchen, wie die Farben am Hellen und am Dunkeln entstehen (siehe Vorspann, Goethes Farbkreis). Runge setzte in seiner Farbenkugel alle hellen Farben in die obere, die dunklen in die untere Halbkugel. Bunte Farben können uns sowohl als Hell, als auch als dunkel erscheinen (Gelb = hell/Violett = dunkel). Dunkles macht Helles heller. Alle bunten Farben können durch Beimischen von Schwarz oder Komplementärgrau verdunkelt und mit Weiss aufgehellt werden. In die Gestaltungsübungen im Hell-Dunkel können alle Akkorde der beiden Farbkreise miteinbezogen werden. Je nach der Beimischung von Hell oder Dunkel erhalten die Malfarben einen andern Charakter. Weiss macht die Farben fast schwebend, schwerelos, leicht. Durch Verdunkeln mit Schwarz oder Komplementärgrau werden sie düster, melancholisch, schwer. Zusätze von Weiss und Schwarz trüben die Farben, dämpfen ihre Leuchtkraft etwas. Kommen Weiss und Schwarz gleichzeitig zum Einsatz, wird ein Farbton noch stärker gedämpft, die Farben verwandeln sich je nach der Quantität der beigemischten Weiss, oder Schwarzmengen in leicht gebrochene, bedeckte, in sich gekehrte Farben oder in wunderschöne, helle oder dunkle, farbige Grautöne.

Gestaltungsbeispiele: Hell-Dunkel

Abbildung 1:

Schwarz (Elfenbeinschwarz 496) und Weiss (Weiss 001) als polarer Gegensatz von Hell und Dunkel, in einem Gestaltungsbeispiel in verschiedenen Graustufen gegeneinander ausgemischt.

Abbildung 2:

Der Urdreiklang Gelb (Zitronengelb 240), Magenta (Purpurrot 350), Cyan (Permanentblau 670) durchkreuzt hier einen Hell-Dunkel-Kontrast. Das Hell-Dunkel der Farbe tritt stärker hervor, wenn die Buntfarben stark gebrochen eingesetzt werden. Die verschiedenen Weiss-, Schwarz und Graufarben in verschiedener Dunkelheit enthalten nur ganz geringe Mengen von Gelb, Magenta und Cyan. Auftretende Sekundärfarben wie Grün, Orange und Violett wurden ebenfalls aus den drei Grundfarben gemischt. Ähnlich wie im Farbfünfeck von Paul Klee (S. 15) beruht die ganze Farbigkeit dieser Komposition auf fünf Farben: Gelb, Magenta, Cyan, Weiss und Schwarz, die hier vorsichtig gegeneinander ausgemischt wurden.

Abbildung 3:

Wieder – wie vorher auf Seite 28, 29 beschrieben – kommt hier der Fächer oder das Pfauenrad zum Einsatz. Als Ausgangsfarbe wurde diesmal Orange (Rotgelb 040) gewählt. Ihm entgegen steht die ganze Chromatik der Blaufarben, vom grünlichen Blau bis zu Blauviolett. Zusätze von Weiss, Schwarz und Grau lassen die Vielfalt der Nuancen auch noch ins Hell-Dunkel spielen.

Abbildung 4:

Verdunkeln von Buntfarben mit Schwarz. Ausgehend von einer Buntfarbe, erfährt diese jeweils durch vorsichtiges Beimischen von Schwarz eine langsame Stufung ins Dunkel. Der Farbübergang von Bunt (hier Zitronengelb 240, Kadmiumrot hell 560, Purpurrot 350, Permanentblau 670, Dunkelultramarinblau 640 und Grasgrün 220) ins Schwarze (Elfenbeinschwarz 496) wird in Form von Bändern, die jeweils die Ausgangsfarbe konzentrisch umgeben, durchgeführt.

Durch die zunehmende Verdunklung verschmelzen die Buntfarben mit ihrer Umgebung. Einzelne Flächen des dunklen Hintergrundes wurden durch kleine Mengen von Buntfarben und Weiss leicht aufgehellt, was die Gesamtheit der Farbkomposition eindeutig belebt.

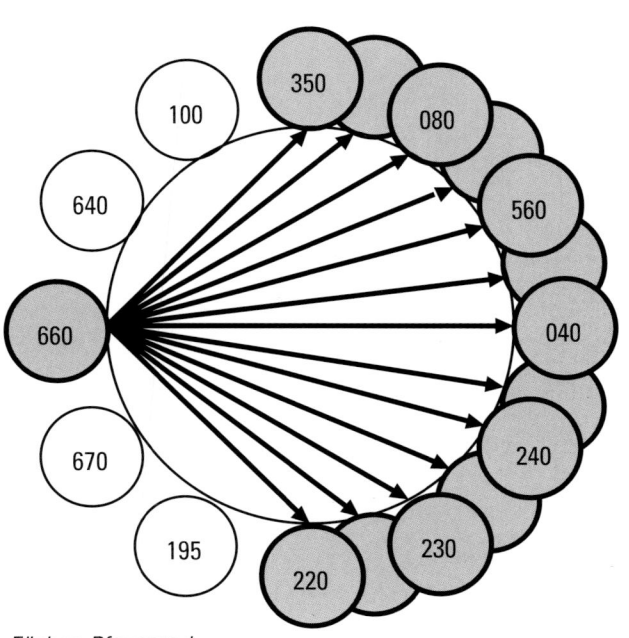

Fächer, Pfauenrad

Hell-Dunkel

Abbildung 1

Abbildung 2

Abbildung 3

Abbildung 4

Der dritte Kontrast

In Goethes Farbkreis sind auf der linken, *aktiven* Seite, der Seite, die das Herz des Betrachters spiegelt, warme Farben angesiedelt. Die rechte Seite, die *passive* und die Schattenseite, beherbergt die kalten Farben. Das mächtige, beherrschende Purpur oben und das zurückhaltende, in sich ruhende, sanfte Grün schaffen den Ausgleich zwischen den warmen und den kalten Farben. In beiden Farbkreisen von Hölzel finden wir das umgekehrte Bild, die warmen Farben rechts und die kalten Farben links. Hölzel äusserte am 9. September 1919 in einem Vortrag am 1. Deutschen Farbentag, anlässlich der Jahresversammlung des deutschen Werkbunds, dass gerade auch das Umgekehrte, die kalten Farben links und die warmen Farben rechts, vom Auge als wohltuend aufgenommen würden[27].

Jede Farbe kann kälter oder wärmer gestimmt werden, indem wärmere oder kältere Farben daneben gesetzt werden. Purpur und Grün wirken neben Hochrot und Orange kalt und neben Kobalt und Cyan warm. Bei den Farbkreisen von Hölzel kann man beobachten, dass Purpur und Grün, je nach dem, sich sowohl von der einen als auch von der andern Seite abwenden und ein warmes oder kaltes Aussehen annehmen. Man braucht nur einmal die warmen Farben und einmal die kalten Farben mit einem Blatt Papier zuzudecken, gleichzeitig aber Purpur und Grün auszusparen. Itten beschreibt in seiner Farbenlehre, dass Pferde, die nach einem Rennen in rot-orange gestrichene Ställe zurückgeführt wurden, sich viel langsamer abkühlten als Pferde in blau-grün gestrichenen Boxen, auch seien in der sogenannt warmen Umgebung wesentlich mehr Fliegen angetroffen worden[28]. Ich erinnere mich, dass früher in Malerfachschulen den Malerlehrlingen beigebracht wurde, man solle südlich gelegene Zimmer in kalten und nördlich gelegene Zimmer in warmen Farben streichen. Forscher dagegen beschreiben, dass das Sehen von Rot bei den meisten Menschen eine Verengung der Hautkapillaren veranlasse, die abnehmende Durchblutung der Haut verursache eine Abkühlung der Körperoberfläche. Blau veranlasst die Erweiterung der Kapillaren. Die stärkere Durchblutung zieht eine Temperatursteigerung nach sich[29]. Wir sprechen also nicht von ungefähr von warmen und kalten Farben.

Gestaltungsbeispiele: Kalt-Warm

Abbildung 1:

Warme und kalte Grünfarben: hell-kalte Grün (Türkis) neben hell-warmen Grün (Lindengrün) und gleichzeitig dunkel-kalte (Blaugrün) Grünfarben neben dunkel-warmen Grünfarben (Dunkelolive). Der Kalt-Warm-Kontrast ist mit dem Hell-Dunkel-Kontrast verbunden. Die Kalt-Warm-Wirkung der einzelnen Grüntöne wird durch die danebenstehenden kälter oder wärmer wirkenden Farbnuancen bestimmt, genauso wie Dunkelheit durch Helligkeit prägnanter wird – und auch umgekehrt.

Abbildung 2:

Warme und kalte Rot und warme und kalte Blau. Das gelbe Rot (Kadmium hell 560) bewirkt, dass Purpur (Purpurrot 350) kälter gestimmt wird, neben Türkis (gemischt aus Permanentblau 670 und Weiss 001) und Blauviolett (Dunkelultramarinblau 640) jedoch erscheint Purpur warm. Dunkles Blaugrün erscheint neben hellem Lindengrün kalt und neben hellem Türkis warm. Die Komposition ist so aufgebaut, dass die Blaufarben die Rotfarben diagonal überkreuzen. Weisszusätze können das kalte Aussehen einzelner Nuancen noch verstärken. Die verschiedenen kalten und warmen Farben bilden dabei klingende Akkorde, die gleichsam von verschiedenen Instrumenten gespielt werden, kalte und warme Nuancen spielen sich gegenseitig aus, verändern sich, bestimmen und fixieren sich in ihrer Kalt-Warm-Wirkung.

Abbildung 3:

Kalte und warme Schwarz- und kalte und warme Weissfarben, in dieser Komposition hart nebeneinandergesetzt. Es braucht ganz geringe Mengen von Buntfarben, um Weiss oder Schwarz warm oder kalt zu stimmen, und es muss ganz vorsichtig gemischt werden. Die farbigen Schwarz wirken in ihrem Zusammenspiel wie Samt, und der Zusammenklang der Weissnuancen erinnert an Perlmutter.

Abbildung 4:

Das Spiel von kalten und warmen Buntfarben und kalten und warmen Graunuancen beherrscht diese Farbkomposition. Zum Einsatz gelangen die zwei komplementären Paare Kobaltblau-Rotgelb und Permanentblau-Kadmiumrot hell. Aus diesen vier Farben wurde zuerst ein gemeinsames Grau gemischt und dieses wiederum durch einen geringen Zusatz von Weiss leicht aufgehellt. Dieses gemeinsame Grau wird verwendet, um die Leuchtkraft der Ausgangsfarben stufenweise zu brechen. Die Dämpfung der Leuchtkraft durch Grau bewirkt gleichzeitig auch eine Dämpfung der Kalt-Warm-Wirkung.

Abbildung 1

Abbildung 2

Abbildung 3

Abbildung 4

Der vierte Kontrast

Jede bunte Farbe hat ihre Komplementärfarbe. Maler sprechen nur dann von Komplementärfarben, wenn sie sich durch Vermischen zu neutralem Grau auslöschen.

Unser Auge erzeugt beim Betrachten einer bestimmten Buntfarbe automatisch deren Gegenfarbe. Betrachten wir intensiv einen rotorangen Farbfleck auf einem weissen Zeichenpapier, so können wir an seinen Grenzen einen ganz feinen türkisblauen Rand wahrnehmen, der heller ist als das Papier selbst. Blicken wir diesen roten Farbfleck an, bis unser Auge ermüdet, und decken wir nachher diesen Fleck mit einem weissen Papier zu, erscheint darauf derselbe Fleck – die gleiche Form – in einem Türkis, das heller scheint als das weisse Papier selbst. Versuchen wir nun dieses Türkis aus der Erinnerung, unter Zugabe von Deckweiss nachzumischen und vermengen wir dann die erhaltene Farbe (sie wird allerdings dunkler sein als das Papier) mit der Ausgangsfarbe Orangerot, dann entsteht bei ganz genauem Vorgehen ein helles, wunderschönes Grau, ein Komplementärgrau.

Im komplementären Grau sind die drei Grundfarben Gelb, Rot, Blau und mit ihnen der ganze Farbkreis enthalten. Die drei Grundfarben ergänzen sich zur Totalität, zum komplementären Grau, und gleichzeitig enthält jedes komplementäre Paar alle drei Grundfarben und mit ihnen die Farben des ganzen Farbkreises. Beim komplementären Paar Orange - Blau setzt Orange sich zusammen aus Gelb und Rot, Blau steht ihm als fester, konstanter Gegensatz gegenüber, alle drei Grundfarben sind also in diesem und auch in allen weiteren komplementären Paaren enthalten. Delacroix – und von ihm beeinflusst Van Gogh – benützte ein ganz einfaches Farbdreieck, das ihm immer wieder Aufschluss gab über die Beziehung der drei Urfarben zueinander[30].

Das Gesetz der Komplementärfarbigkeit ist also automatisch in vielen Farbzusammenstellungen vorhanden und seine bewusste Anwendung in der Farbgestaltung sehr vielfältig. Maler vertreten die Ansicht, dass das komplementäre Grau dem Grau, aus Weiss und Schwarz gemischt, überlegen ist, es ist lebendiger, spannender und als Aussenanstrich bei Malerarbeiten auch haltbarer – denn der Malermeister kann da von wetterfesten Pigmenten ausgehen. Schwarze Pigmente sind in der Regel nicht wetterfest, werden vom Regen ausgewaschen. Die venezianischen Maler des 16.–17. Jh. erzeugten in ihren Bildern Grau, indem sie transparente grüne und rote Farbschleier, Lasuren, übereinanderlegten.

Ein helles Kadmiumrot (Kadmiumrot hell 560) erzeugt in unserem Auge ein feines Türkis[31]. Das Rot verliert gleichzeitig etwas von seiner Kraft. Von einem türkisblauen Rand umgeben, erhält es seine Kraft zurück. Komplementäre Zwei-, Drei- und Vierklänge vermögen sich in ihrer Leuchtkraft zu steigern. Mischen wir komplementäre Farben gegeneinander aus, dämpfen sie sich gegenseitig, löschen sich zu Grau aus. In der Farbgestaltung können die komplementären Farben in ihrer vollen Kraft eingesetzt werden oder ganz verhalten aus sensiblen Grautönen hervorschimmern. Wir können die Komplementärfarben aber auch selbst handeln lassen, Schwarz erhält durch einen rötlichgelben Goldaufdruck einen blauen Schimmer[32]. Die stärkere, leuchtkräftigere Farbe zwingt die andere, schwächere, weniger leuchtende Farbe zur Erzeugung der Komplementärfarbe. Verdunklungen reiner Farben mit dunklem, komplementärem Grau zeigt subtile Dunkelheiten von ganz anderem Charakter als Verdunklungen durch Schwarz.

Ausgangsfarbe und ihre Sukzessivfarbe: Kadmiumrot hell 560 mit aus der Erinnerung nachgemischtem Türkisrand (Permanentblau 670 und Weiss 001) und als Abschluss das aus diesen beiden Farben (560 + 670 + 001 = Grau) erzeugte Grau.

Sukzessiv-Kontrast

Gestaltungsbeispiele: Komplementär-Kontrast

Abbildung 1:

Komplementärer Zweiklang (Kadmiumrot hell 560 – Permanentblau 670). Aus dem Ausgangspaar wurde ein Grau gemischt und dieses mit Weiss etwas aufgehellt. Einzelne Flächen der Komposition erscheinen in den reinen Ausgangsfarben, weitere Flächen zeigen den Reichtum an Grau-Möglichkeiten, erzeugt aus diesem einen Paar, mit Zusätzen von Weiss (Weiss 001).

Abbildung 2:

Gespaltener Komplementär-Kontrast: Ausgegangen wurde vom komplementären Paar Blauviolett (Dunkelultramarinblau 640) und Gelb (Zitronengelb 240). Zitronengelb wird nun – im 12teiligen Farbkreis – aufgeteilt in Orange und Gelbgrün. Der ursprüngliche Zweiklang wird so in einen Dreiklang verwandelt. Die vorerst rein eingesetzten Ausgangsfarben werden in verschiedenen Stufen durch das aus ihnen erzeugte Komplementärgrau gebrochen. Weiss dient auch hier als Aufhellungsfarbe.

Abbildung 3:

Der *gebrochene* Komplementär-Kontrast: Mischen wir die drei Sekundärfarben Orange (Rotorange), Violett (Blauviolett) und Grün gegeneinander aus, entsteht aus je zwei Sekundärfarben je eine dritte, eine Tertiärfarbe: Die Mischung Orange und Grün erzeugt ein Gelbgrau, die Mischung von Orange und Violett ein Rotgrau und die Mischung von Violett und Grün ein Blaugrau und alle diese Farben zusammen wiederum ein neutrales Grau. Hölzel hat einen 6teiligen Mischfarbenkreis entwickelt, der vom Goetheschen Farbkreis abgeleitet ist. Die drei Sekundärfarben behalten dort ihre Stellung, die drei Primärfarben werden durch die drei Tertiärfarben ersetzt: An die Stelle von Gelb tritt *Gelbgrau*, an die Stelle von Rot *Rotgrau* und an die Stelle von Blau *Blaugrau*. Jeder Sekundärfarbe steht also als Komplementärfarbe eine durch Grau gebrochene Primärfarbe gegenüber. Die hier abgebildete Komposition zeigt die Anwendung des gebrochenen Komplementärkontrasts.

Abbildung 4:

Komplementärer Vierklang: Verwendet wurde der quadratische Vierklang: Magenta (Purpurrot 350) – Mittelgrün (Grasgrün 220) – Orange (Rotgelb 040) – Blau (Kobaltblau mittel 660) und Weiss (Weiss 001) als Mischfarbe, zum Aufhellen des komplementären Graus.

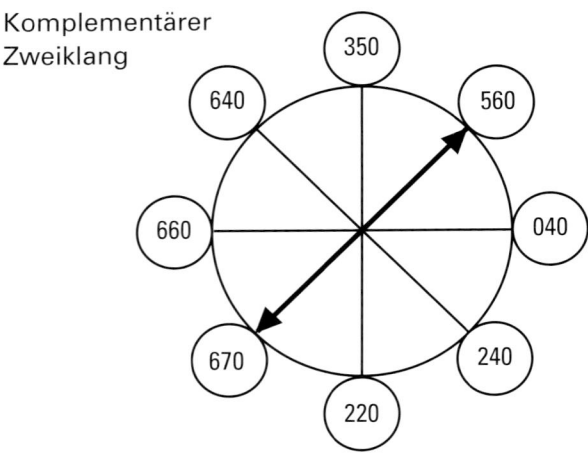

Komplementärer Zweiklang

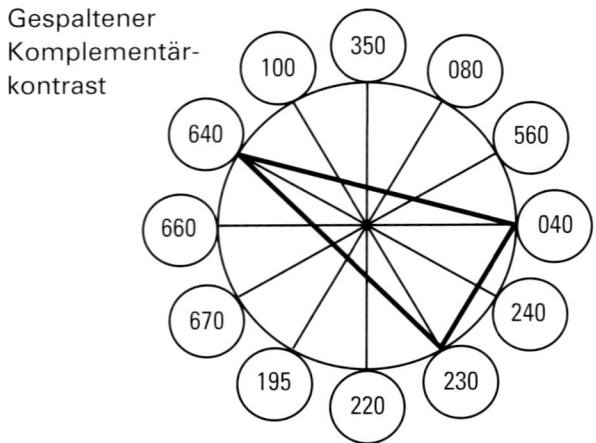

Gespaltener Komplementärkontrast

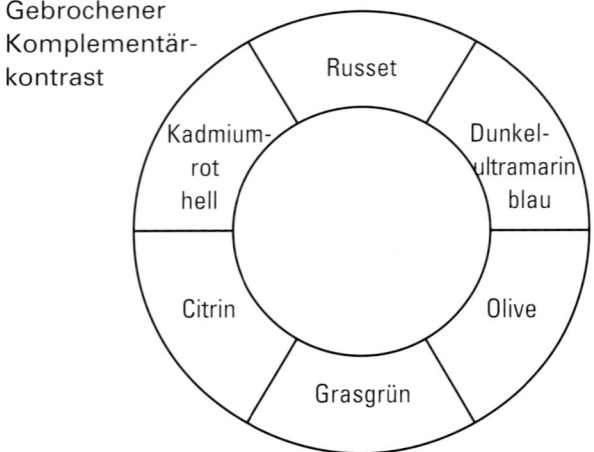

Gebrochener Komplementärkontrast

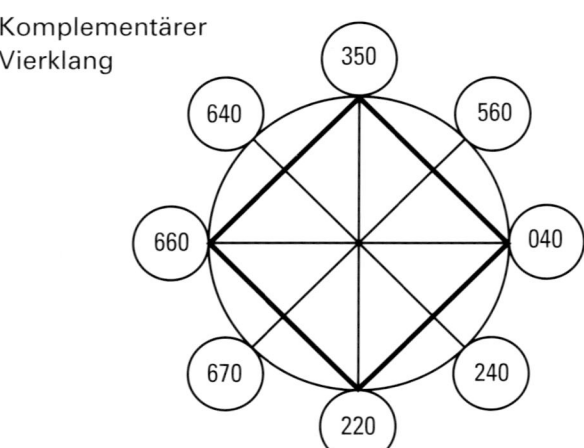

Komplementärer Vierklang

Komplementär-Kontrast

Abbildung 1

Abbildung 2

Abbildung 3

Abbildung 4

Der fünfte Kontrast (Intensitätskontrast)

Jede Farbe kann uns in vielen Zwischenstufen von leuchtend bis matt erscheinen. Eine Farbe kann in ihrer vollen Buntheit leuchten, die Buntfarbe des Farbkreises kann aber auch durch Beimischung von Weiss, Schwarz, Grau oder Komplementärfarbe getrübt werden. Je mehr Trübung eine Buntfarbe durch bestimmte Mengen von Zusätzen erfährt, um so matter erscheint sie uns, vor allem im Kontrast mit den Buntfarben.

Goethe teilte die Farben in handelnde leidende Naturen ein[33]. Handelnd ist die starke, ungebrochene Farbe, leidend die gebrochene, trübe Farbe. Starke, ungebrochene Buntfarben überfluten die mehr oder weniger gebrochenen Farben, drängen sie zurück in den Hintergrund und sich selbst leidenschaftlich in den Vordergrund. Starke Farben beherrschen die Gestaltung und sind geeignet für das Markieren von wichtigen Stellen. Sie sind wie Soloinstrumente in einem Orchester, die matten Farben wie das Orchester selbst[34]. Auch die Buntfarben des Farbkreises können je nach Umgebung leuchtender oder matter erscheinen. So vermag Schwarz als Umgebung von Zitronengelb dieses zu höchster Leuchtkraft zu steigern. Gleichzeitig besitzen Gelb, Orange und Rot wesentlich mehr Leuchtkraft als Blau, Violett und Grün[35]. Blauviolett und Rot steigern die Leuchtkraft des beherrschenden Gelbs.

Gestaltungsbeispiel: Leuchtend-Matt

Abbildung 1:

Der komplementäre Zweiklang Dunkelultramarinblau (640) – Zitronengelb (240) in verschiedenen Stufen gegeneinander und mit Grau ausgemischt. Das Grau ist ein komplementäres Grau, gemischt aus den beiden Ausgangsfarben und mit etwas Purpurrot (350) korrigiert, mit Weiss aufgehellt und mit Schwarz verdunkelt.

Abbildung 2:

Zitronengelb (240) und Kadmiumrot hell (560) gegen Dunkelultramarinblau (640) welches mit etwas Purpurrot (350) etwas violetter gefärbt wurde. Komplementäres Grau und Dunkeltrübungen durch Schwarz.

Abbildung 3:

Der komplementäre Dreiklang Kadmiumrot hell (560) – Grasgrün (220) – Dunkelultramarinblau (640) – in verschiedenen Stufen zu Grau. Hier handelt es sich um ein komplementäres Grau, das aus allen drei Ausgangsfarben gemischt wurde. Einzelne Farben werden in bandartigen Umfahrungen allmählich ins Schwarz gestuft, die leuchtenden Farben scheinen in der Dunkelheit zu zerfliessen.

Abbildung 4:

Der komplementäre Vierklang Purpurrot (350) – Grasgrün (220) – Permanentblau (670) – Kadmiumrot hell (560) in zerfliessenden Stufen gegen Komplementärgrau.

Dunkelheit und Grösse der Umgebung einer Farbe sind für deren Leuchtkraft von grosser Bedeutung. Selbst Weiss wird in schwarzer Umgebung heller und leuchtender.

Abbildung 1

Abbildung 2

Abbildung 3

Abbildung 4

Der sechste Kontrast (Quantität)

Die Quantität hängt sehr eng mit der Intensität (auch Qualität) zusammen. Auf beide Kontraste bezieht sich auch der Äquivalentenfarbkreis von Arthur Schopenhauer, der dort die Buntfarben im Farbkreis in verschiedenen Grössen darstellt. Schopenhauer geht davon aus, dass in einer harmonischen Farbzusammenstellung leuchtende Farben (Gelb, Orange, Hochrot) nur in kleinen Mengen erscheinen dürfen, damit sie weniger leuchtende Farben (Blau, Violett, Grün, Magenta) nicht übertönen.

Die Wirkung einer Farbe hängt nicht nur von ihrer Umgebung, sondern auch von ihrer Flächengrösse ab.

Im fünften und sechsten Farbkontrast können sehr schöne Farbwirkungen entstehen, wenn man die verwendeten Farben, ihrer Leuchtkraft entsprechend, sehr fein aufeinander abstimmt. So kann man eben den weniger leuchtenden Farben in einer bunten Farbkomposition grössere Flächen zuordnen als den stärker leuchtenden Farben. Die kleinen leuchtenden Flächen wirken dann wie Edelsteine in einem Schmuck, wie farbige Blumen in einem grünen Feld, wie Glasfenster in einer Kirche oder wie die Sterne am Himmel in einem Gemälde von Vincent van Gogh. Man kann aber auch umgekehrt verfahren, indem man den leuchtenden Farben grosse Flächen zuteilt und die weniger leuchtenden Farben als kleine, in sich ruhende «Inselchen» einstreut. Sehr schön kann es auch aussehen, wenn eine einzelne leuchtende Farbe, z. B. ein Rot oder ein Gelb, das ganze Bild überstrahlt, kleine weniger leuchtende Farbflächen, als in sich ruhende «Inselchen» vermögen die manchmal fast gewaltsame, erregende, beherrschende Wirkung dieser einzelnen Farbe, die wiederum aus vielen Nuancen bestehen kann, kraftvoll zu steigern.

Viel-Wenig bezieht sich nicht nur auf die Flächengrössen, sondern wird auch noch dadurch bestimmt, dass in einer Gestaltungsarbeit von den einen Farben mengenmässig eben wesentlich mehr und von den andern viel weniger verwendet werden.

Also auch mehr oder weniger Farbflächen und nicht nur kleinere oder grössere.

Gestaltungsbeispiele: Quantitätskontrast

Abbildung 1:

Violett und Blau als weniger leuchtende Farben beherrschen die Fläche, leuchtende Farben, hier Orange und Gelb, bilden Leuchtpunkte in der Komposition.

Abbildung 2:

Verschiedene Grünnuancen bestimmen hier die Bildfläche. Magenta und Hochrot treten nur ganz spärlich auf.

Abbildung 3:

Leuchtendes Gelb überstrahlt die ganze Bildfläche, kleine in sich ruhende «Inselchen» von Blau, Blauviolett und Rot steigern die Leuchtkraft des beherrschenden Gelb.

Abbildung 4:

Viele Rot- und Orangenuancen bestimmen die Grundtextur dieser Komposition. Einzelne «Inselchen», bestehend aus Cyan, Kobaltblau und Grün, steigern das Brennende, Gewaltsame, Erregende der Hauptfarben bis ins Unermessliche.

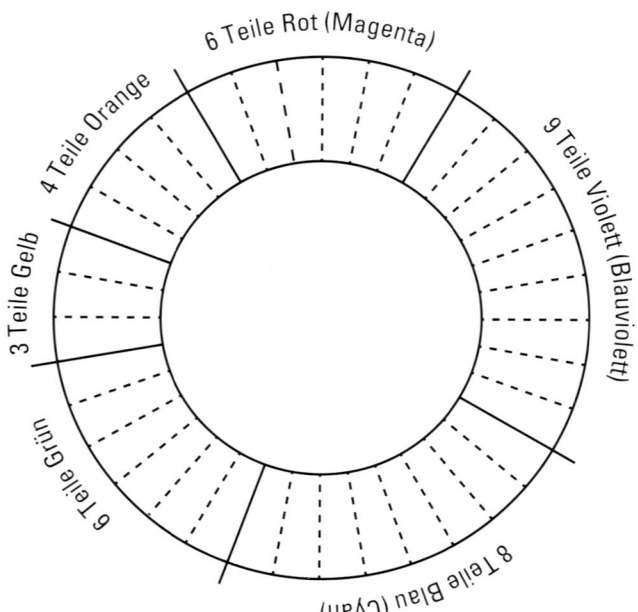

Äquivalentenfarbkreis nach Schopenhauer

Abbildung 1

Abbildung 2

Abbildung 3

Abbildung 4

Der siebente Kontrast (Bunt und Unbunt)

Im Grunde genommen gäbe es nach der bisher verfolgten Theorie keine Nichtfarbe, deshalb auch die Bezeichnung Unbunt. Grau setzt sich aus allen Farben des Farbkreises zusammen[36], in ihm sind also sowohl die drei Grundfarben Gelb, Rot und Blau enthalten als auch die beiden Hell-Dunkel-Pole Weiss und Schwarz (siehe Farbenkugel oder Doppelkegel im Vorspann). Die Buntfarben sind die reinen Farben des Farbkreises, die Nichtfarben oder die Unbunten befinden sich im Innern des Doppelkegels (Ostwald) oder der Farbenkugel (Runge). Weiss und Schwarz zählen wir ebenfalls zu den Unbunten. Zusätze von Weiss, Schwarz und Grau rufen bei den Buntfarben Trübungen hervor, darum nennen wir mit Weiss aufgehellte Buntfarben: *Helltrübe*, mit Schwarz verdunkelte: *Dunkeltrübe* und mit Grau gedämpfte auch *Grautrübe*.

Die reinsten Farben, die wir wahrnehmen können, sehen wir im Prisma, wenn wir damit auf die untenstehende Schwarz-Weiss-Tabelle schauen. Da entstehen die Buntfarben an den beiden Unbunten Weiss und Schwarz.

Auch durch das trübe Medium kann Buntfarbe entstehen. Halten wir ein Opalglas gegen das Licht, entstehen die schönsten Gelb- und Orangenuancen, die sich bis zum Rot steigern können, am gleichen trüben Mittel entstehen auch Blau und Violett, wenn wir damit gegen eine dunkle Wand, am besten gegen eine schwarze Wandtafel, schauen. Ähnliches nehmen wir wahr, wenn wir Zigarettenrauch vor hellen oder dunklen Hintergründen beobachten oder wenn wir Magermilch oder Seifenlösungen in weisse oder schwarze Gefässe giessen[37]. Man könnte somit auch sagen: Buntfarben entstehen nicht nur an der Polarität Weiss und Schwarz, sondern auch durch Grau im trüben Medium.

Der Farbe-zu-Nichtfarbe-Kontrast hängt eng mit dem Leuchtend-Matt-Kontrast zusammen und kann mit dem Viel-Wenig-Kontrast gut kombiniert werden. Die Komplementärwirkung der leuchtenden Farben, die Simultanwirkung, trägt dazu bei, dass Nichtfarben in Gestaltungsarbeiten eben nicht Nichtfarben bleiben, sondern von den leuchtenden Farben überstrahlt werden und daher von sich aus mit einem komplementären Schein überflutet werden.

Gestaltungsbeispiele:

Abbildung 1:

Die Buntfarben Gelb (Zitronengelb 240), Orange (Rotgelb 040), Hochrot (Kadmiumrot hell 560), Magenta (Purpurrot 350), Violett (Kobaltviolett 620), Blauviolett (Dunkelultramarinblau 640), Blau (Kobaltblau mittel 660), Cyan (Permanentblau 670), Blaugrün (gemischt aus Permanentblau 670 und Grasgrün 220) und Gelbgrün (gemischt aus Grasgrün 220 und Zitronengelb 240), in der Anordnung des Farbkreises von Goethe, gegen Nuancen aus farbigem Schwarz.

Abbildung 2:

Die Buntfarben Gelb (Zitronengelb 240), Orange (Rotgelb 040), Hochrot (Kadmiumrot hell 560), Magenta (Purpurrot 350), Violett (Kobaltviolett 620), Blauviolett (Dunkelultramarinblau 640), Blau (Kobaltblau mittel 660), Cyan (Permanentblau 670), Blaugrün (gemischt aus Permanentblau 670 und Grasgrün 220) und Gelbgrün (gemischt aus Grasgrün 220 und Zitronengelb 240), gegen helles, mittleres und dunkles Grau, gemischt aus Weiss und Schwarz.

Abbildung 3:

Die Buntfarben Gelb (Zitronengelb 240), Orange (Rotgelb 040), Hochrot (Kadmiumrot hell 560), Magenta (Purpurrot 350), Violett (Kobaltviolett 620), Blauviolett (Dunkelultramarinblau 640), Blau (Kobaltblau mittel 660), Cyan (Permanentblau 670), Blaugrün (gemischt aus Permanentblau 670 und Grasgrün 220) und Gelbgrün (gemischt aus Grasgrün 220 und Zitronengelb 240), gegen farbig gestimmtes Weiss und farbige helle Grau (zum Hervorheben des sonst im Weiss verschwindenden Gelbs).

Abbildung 4:

Der sekundäre Dreiklang Blauviolett (Dunkelultramarinblau 640), Grün (Grasgrün 220) und Hochrot (Kadmiumrot hell 560) gegen helle und dunkle farbig gestimmte Komplementärgrau, gemischt aus den drei Sekundärfarben und Schwarz.

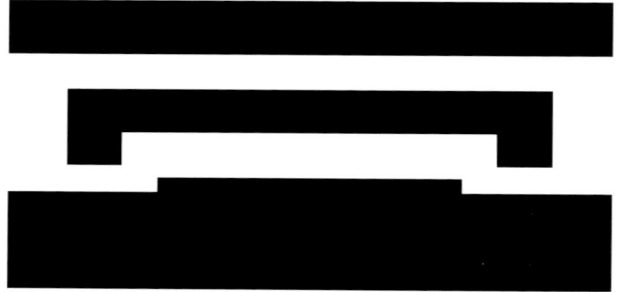

Der Blick mit einem Prisma auf diese Abbildung zeigt, wie Farben am Hellen und am Dunkeln entstehen.

Abbildung 1

Abbildung 2

Abbildung 3

Abbildung 4

Jedes komplementäre Paar kann in einen komplementären Dreiklang umgewandelt werden. Dies geschieht dadurch, dass man eine der beiden Farben in zwei andere zerlegt. Ein Beispiel aus dem achtteiligen Farbkreis: Beim komplementären Zweiklang Magenta (Purpurrot 350) - Mittelgrün (Grasgrün 220) bleibt Magenta ungeteilt, Grün jedoch wird zerlegt in Cyanblau und Zitronengelb. Und ein Beispiel aus dem 12teiligen Farbkreis: Gelb bleibt ungeteilt, Blauviolett jedoch wird geteilt in Blau und Rotviolett. Eine Farbe wird jeweils so geteilt, dass die drei Farben miteinander ein gleichseitiges oder ein gleichschenkliges Dreieck bilden, welches aber über den Mittelpunkt des Farbkreises hinausgehen muss – die drei Farben müssen in ihrer gegenseitigen Ausmischung jeweils ein Grau ergeben! Siehe auch: Gespaltener Komplementärkontrast.

Will man nun im Bild diese Farbzusammenstellung durch ein Gegenthema bereichern, so greift man zu einem Gegenthema, zu einem zweiten, zusätzlichen Dreiklang, den man ebenfalls teilt:

Beispiel aus dem 8teiligen Farbkreis (siehe Seite 45, links)

Ausgangspaar: Magenta (Purpurrot 350) – Mittelgrün (Grasgrün 220).

Dieses wird nun in einen Dreiklang verwandelt: Magenta bleibt ungeteilt, Mittelgrün wird zerlegt in Gelb (Zitronengelb 240) und Cyanblau (Permanentblau 670), im achtteiligen Farbkreis bilden die drei Farben zusammen ein gleichschenkliges Dreieck (A).

Und nun das Gegenthema: Mittelgrün bildet zusammen mit Violettblau (Dunkelultramarinblau 640) und Hochrot (Kadmiumrot hell 560) im achtteiligen Farbkreis ebenfalls ein gleichschenkliges Dreieck (B) – das Gegendreieck zum Dreieck A: Hier bleibt Grün ungeteilt (Grasgrün 220), Magenta (Purpurrot 350) – wenn wir uns den ursprünglichen Zweiklang vor Augen halten – jedoch wird zerlegt in Violettblau und Hochrot.

Im Bild kann man Dreiklang und Kontradreiklang in jedem Farbkontrast verarbeiten, Intensität, Qualität, Kalt-Warm oder Hell-Dunkel bieten dazu eine Fülle von Möglichkeiten. Man kann dazu auch noch den ersten Dreiklang (A) betonen, indem man die dort enthaltenen Farben ungebrochen oder in grösseren Flächen ins Bild setzt und den Kontradreiklang (B) in mehr oder weniger gebrochenen Farbtönen oder in kleineren Flächen mitschwingen lässt. Oder: Man betont alle 6 Farben gleichermassen und mischt sie gegeneinander und mit Weiss und Schwarz aus.

Beispiel aus dem 12teiligen Farbkreis (siehe Seite 45, rechts)

Ausgangspaar: Gelb (Zitronengelb 240) – Violettblau (Dunkelultramarinblau 640).

Daraus entsteht der Dreiklang: Gelb (Zitronengelb 240) – Blau (Kobaltblau mittel 660) – Rotviolett (gemischt aus Purpurrot 350 und Dunkelultramarinblau 640). Die drei Farben bilden im 12teiligen Farbkreis zusammen ein gleichschenkliges, spitzwinkliges Dreieck (A).

Im Kontradreiklang bleibt Violettblau ungeteilt, Gelb (Zitronengelb 240) jedoch wird zerlegt in Orange (Rotgelb 040) und Gelbgrün (gemischt aus Grasgrün 220 und Zitronengelb 240). Diese drei Farben bilden zusammen ebenfalls ein gleichseitiges, spitzwinkliges Dreieck (B). Man könnte dem Dreieck A nun auch ein anderes Farbdreieck entgegenstellen, z. B. das gleichseitige Dreieck Gelb (Zitronengelb 240) – Magenta (Purpurrot 350) – Cyan (Permanentblau 670), oder man zerlegt das Paar zuerst in ein gleichseitiges Farbdreieck und bildet den Kontradreiklang aus einem gleichseitigen Farbdreieck. Auch diesbezüglich sind viele Kombinationen und Variationen möglich [38].

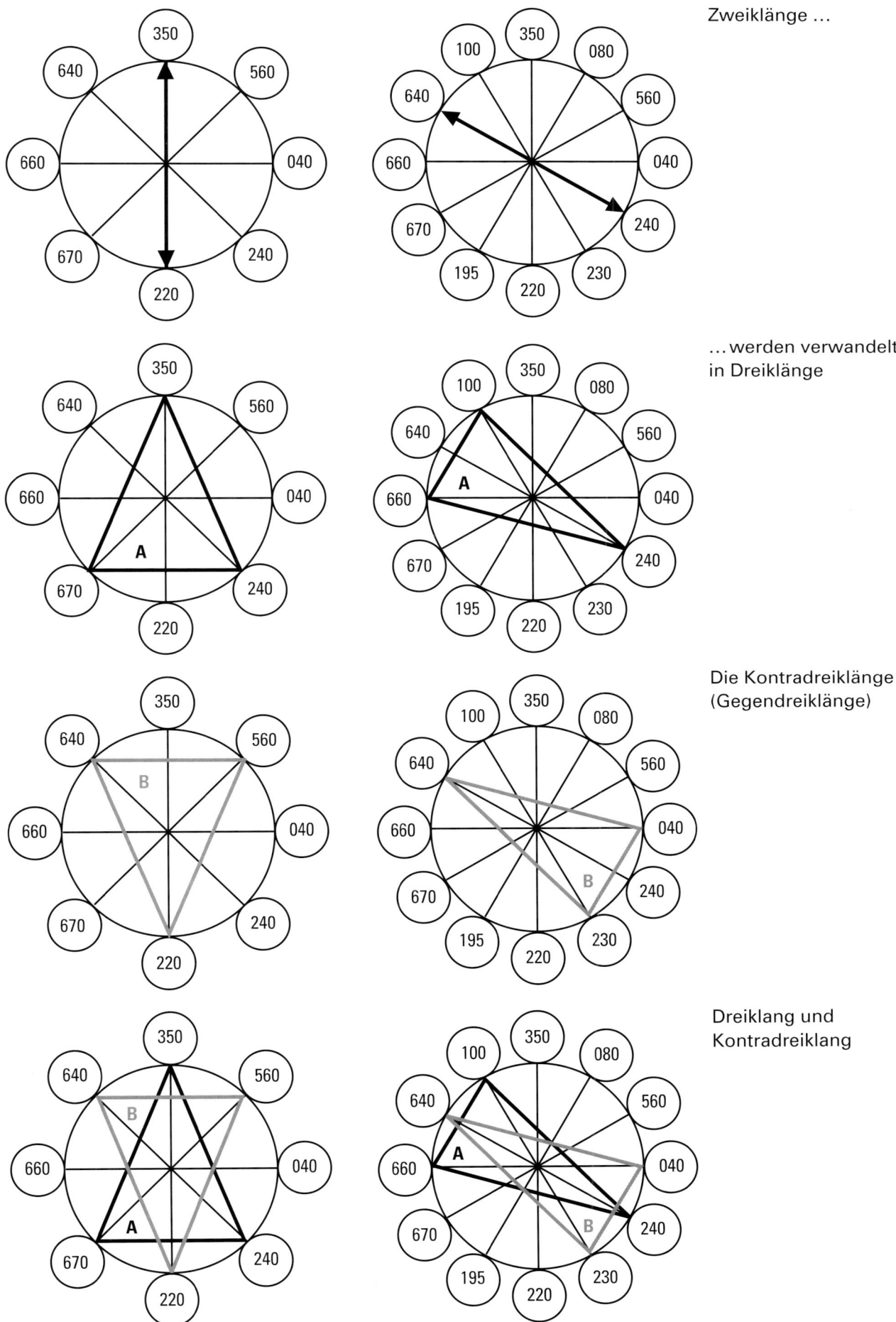

Zweiklänge ...

... werden verwandelt in Dreiklänge

Die Kontradreiklänge (Gegendreiklänge)

Dreiklang und Kontradreiklang

Entwicklung des 8teiligen Kontradreiklanges: *Entwicklung des 12teiligen Kontradreiklanges:*

Gestaltungsbeispiele: Kontradreiklang

Abbildung 1 (8teilig):

Dreiklang Magenta (Purpurrot 350) – Gelb (Zitronengelb 240) – Cyan (Permanentblau 670) und Kontradreiklang Mittelgrün (Grasgrün 220) – Violettblau (Dunkelultramarinblau 640) – Hochrot (Kadmiumrot hell 560) in Variationen zu Weiss (Weiss 001), Schwarz (Elfenbeinschwarz 496) und Grau, in Hell-, Dunkel- und Grautrübungen verarbeitet. Ausgangspunkt ist der 8teilige Farbkreis.

Abbildung 2 (12teilig):

Dreiklang Gelb (Zitronengelb 240) – Rotviolett (gemischt aus Dunkelultramarinblau 640 und Purpurrot 350) – Blau mittel (Kobaltblau mittel 660) und Kontradreiklang Violettblau (Dunkelultramarinblau 640) – Gelbgrün (gemischt aus Grasgrün 220 und Zitronengelb 240) – Orange (Rotgelb 040), mit dem Hell-Dunkel-Kontrast verwoben. Schwarz (Elfenbeinschwarz 496) und Weiss (Weiss 001) dienen zum Aufhellen und Verdunkeln der Buntfarben. Der Dreiklang ist etwas stärker betont als der Kontradreiklang. Einzelne Grauflächen wirken als Vermittler, als ruhende Pole (Pausen in der Farbenmusik). Ausgangspunkt ist der 12teilige Farbkreis.

Abbildung 3 (12teilig):

Der ursprüngliche Zweiklang Karmin (Karmin 080) – Blaugrün (Opalgrün 195) wird in einen Dreiklang verwandelt: Karmin 080 bleibt ungeteilt, aber Blaugrün (Opalgrün 195) wird geteilt in Permanentblau 670 und Grasgrün 220. Den Kontradreiklang bilden Purpurrot 350, Kadmiumrot 560 und Opalgrün 195.

Die ersteren drei Farben werden etwas stärker betont, der Kontradreiklang schwingt etwas abgeschwächt mit. Komplementäres Grau, gemischt aus Blaugrün und Karmin, erscheint verschiedene Male, in satter Dunkelheit, einer Dunkelheit, teils durch Mischschwarz zusätzlich gesteigert, und dann wieder mit Weiss aufgehelltes, komplementäres Grau, leicht zu der einen oder andern Buntfarbe hin gestimmt – rötlich, grünlich, bläulich oder auch neutral, also ein Hell-Dunkel der Farben und gleichzeitig auch ein Leuchtend-Matt.

Abbildung 4 (12teilig):

Die gleiche Farbauswahl ohne grosse Abschwächung durch Unbunt, mit nur wenig Grautrübungen und ohne bewusstes Hell-Dunkel, aber mit einer starken Betonung aller Rotfarben.

Schema zu Abbildung 1

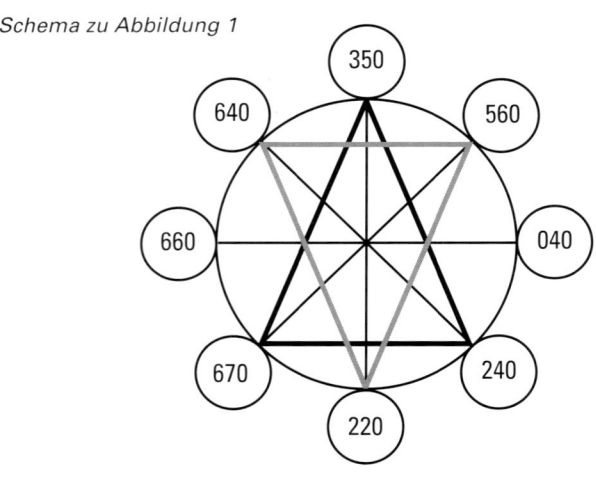

Schema zu Abbildung 2

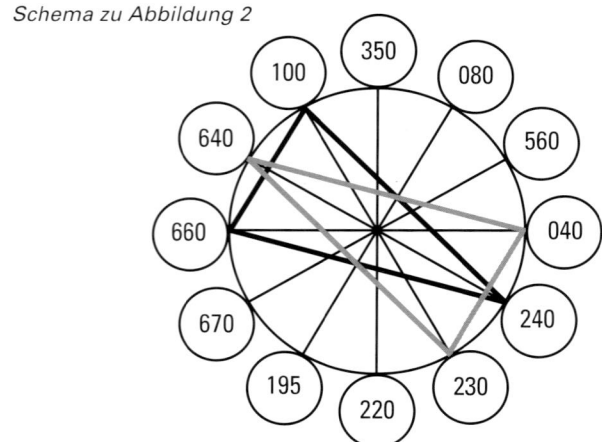

Schema zu Abbildung 3

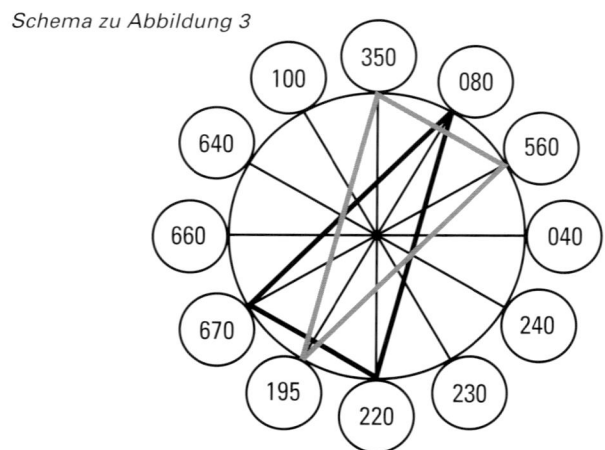

Schema zu Abbildung 4

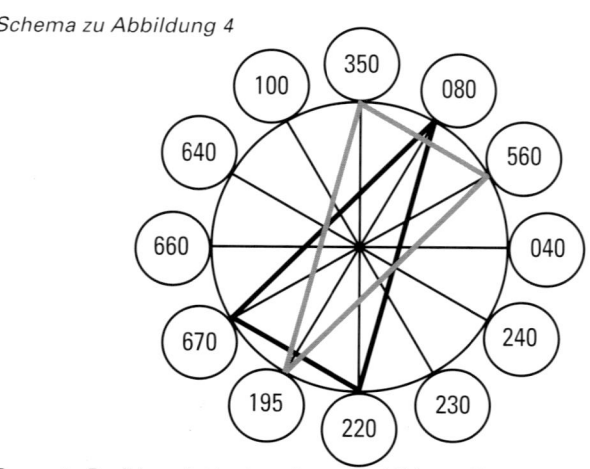

Der erste Dreiklang ist in den oben abgebildeten Illustrationen jeweils schwarz und der Kontradreiklang jeweils grau abgebildet.

Abbildung 1

Abbildung 2

Abbildung 3

Abbildung 4

Goethe nannte farbige Überflutungen *scheinbare Mitteilungen*. Durch Überflutungen von einzelnen Farben kann der Maler, die Malerin im Bild verschiedene Partien auf eine ganz bestimmte Weise einfärben, sie in eine ganz bestimmte Richtung hin so einstimmen, als würden sie durch farbiges Licht beleuchtet.

Drei Arten von farbigen Überflutungen

• Die natürlichen Beleuchtungen und Reflexe
• Die direkten Überflutungen
• Die simultanen Überflutungen

Die natürlichen Beleuchtungen und Reflexe

Damit ist farbiges Licht, z. B. farbiges Scheinwerferlicht, das Licht von farbigen Lampenschirmen, Sonnenlicht, das durch farbige Vorhänge, Sonnenschirme oder Sonnenstoren dringt, und auch das Sonnenlicht an sich, das z. B. besonders im Abendrot alles mit goldenem, rötlichem Schein überflutet, gemeint. Auch Reflexe, die von farbigen Gegenständen zurückgeworfen werden, können farbige Überflutungs-Phänomene auslösen.

Die direkten Überflutungen

Direkte Überflutung kann der Maler, die Malerin direkt ins Bild aufnehmen, indem er Flächen an bestimmten Stellen mit irgendeiner Farbe überfluten lässt, so als würde jene Stelle von einem Scheinwerfer beleuchtet. Goethe liess Licht durch farbige Gläser scheinen, und dies nicht nur auf weisse, sondern auch auf farbige Flächen. Im weiteren legte er auch farbige Gläser oder farbige Papiere, die er, um sie transparent zu machen, mit Öl tränkte, übereinander (Farbenlehre: 567–570). Gleichzeitig weist er auf die Verwendung von Lasuren hin. Tatsächlich ist die Lasur ein zuverlässiges Mittel, um eine bestimmte Stelle – oder eine ganze Bildfläche – farbig abzustimmen, sie von einer einzigen oder von mehreren Farben überfluten zu lassen. Es gibt zwar typische Lasurtechniken, wie die Aquarell- oder Harzölmalerei, doch lassen sich auch viele weitere Techniken als Lasurmalerei ausführen.

Wie Carry van Biema berichtet, arbeitete Adolf Hölzel nicht in Lasuren. Nachdem er eine bestimmte Farbe als Überflutungsfarbe ausgewählt hatte, setzte er seine Farben pastos ins Bild[39].

Gestaltungsbeispiele mit Lasurtechniken

Abbildung 1:

Caran d'Ache Gouache extra-fine, vermalt mit stark mit Wasser vedünntem Acryl-Binder. Da Acryl-Binder wasserunlöslich auftrocknet, lassen sich mühelos transparente Schichten übereinander auftragen. Pausierende Pinsel in ein Gefäss mit Wasser stellen und so vor dem Eintrocknen schützen. Die Malgeräte – vor allem die Pinsel – müssen nach dem Malen gut mit heissem Wasser und Seife gereinigt werden. Eingetrockneter Acryl-Binder lässt sich praktisch nicht mehr lösen.

Abbildung 2:

Caran d'Ache Gouache extra-fine, vermalt mit Eitempera als Malmittel. Eine Eitempera stellt man sich her, indem man in ein zylindrisches Gefäss mit Deckel (z. B. ein Glasbehälter für Pulverkaffee oder Konfitüre) ein ganzes Ei schlägt. Diesem Ei (= 1 Raumteil) wird die *gleiche* Menge (ebenfalls 1 Raumteil) Leinölfirnis zugefügt und beides dann langsam, unter stetigem Rühren, unter der Verwendung eines Rührholzes oder eines langstieligen Pinsels (nicht mit dem Mixer!), zu einer steifen Mayonnaise verarbeitet. Zum Vermalen mit Gouache extra-fine der steifen Masse 2–3 Raumteile Wasser beifügen, Wasser und Eitempera wiederum gut miteinander verrühren. Das Eitempera-Malmittel tritt anstelle von Wasser, es wird zum Verdünnen, zum malfertigen zubereiten der Gouache extra-fine benützt. Wasser benötigen wir während des Malens nur noch zum Ausschwenken der Pinsel. Eitempera gut und in dünnen Schichten vermalen und langsam Schicht auf Schicht auflegen. Durch den Ölanteil in der Eitempera erhalten die Farben Glanz und Tiefenlicht.

Abbildung 3:

Caran d'Ache Gouache extra- fine, vermalt mit Eitempera und dann mit dem Caran d'Ache Künstler-Farbstift *Pablo* überarbeitet. Eitempera zuerst gut trocknen lassen.

Abbildung 4:

Caran d'Ache Gouache extra- fine, vermalt mit Eitempera. Darauf erfolgt eine Übermalung mit *Neopastel* von Caran d'Ache. Die nur stellenweise aufgetragenen Farbpartikel der Neopastel-Stifte werden mit Terpentin oder Terpentinersatz nachträglich mit dem Pinsel dünn vermalt.

Abbildung 1

Abbildung 2

Abbildung 3

Abbildung 4

Die direkte Überflutung

Ein Beispiel:

Ausgegangen wird vom Dreiklang (siehe Abbildung unten) Hochrot (Kadmiumrot hell 560), Grün (Grasgrün 220), Violett (Dunkelultramarinblau 670). Als Überflutungsfarbe wird Gelb angesprochen. Das Phänomen der Überflutung kommt dann am meisten zur Geltung, wenn die Farben in kleinen Teilchen – Punkte, Streifen, Karos – nebeneinandergestellt werden. Die jeweils stärkste, leuchtkräftigste Farbe vermag die andern zu überstrahlen.

Im folgenden Beispiel sind die Farben in der Form von horizontal liegenden Streifen einander zugeordnet worden:

Strahlendes Gelb überflutet das Hochrot, und man hat das Gefühl, als liege ein leichter gelber Schimmer auf den ehemals feuerroten Streifen, die sich nun zu einem Orange gewandelt haben.

Im weiteren überflutet Gelb das mittlere Grün. Wieder liegt ein zarter, für das geübte Auge gut wahrnehmbarer Schimmer jetzt über den grünen Streifen.

Dann überflutet Gelb die violetten Streifen. Im Auge der Betrachterin, des Betrachters entsteht ein leichter, zu Hochrot hin tendierender Schimmer – ein grünlicheres Gelb würde das Violett fast in ein Cyanblau verwandeln.

Jede schwächer wirkende Farbe kann auf diese Weise mit einer stärkeren überflutet werden.

Überflutete Stellen im Bild wirken fast kosmisch, immateriell, licht, luftig [40].

Gestaltungsbeispiele: Direkte Überflutung

Abbildung 1:

Überflutungsfarbe Gelb: Gelb (Zitronengelb 240) überflutet Grün (Grasgrün 220) und Hochrot (Kadmiumrot hell 560) und erzeugt Gelbgrün und Orange. Im weitern überflutet rötliches Gelb leicht mit Weiss gebrochenes Violettblau (Dunkelultramarinblau 640) und erzeugt einen rötlichen Schimmer.

Abbildung 2:

Alle acht Farben des diatonischen Farbkreises werden eingesetzt. Gelb (Zitronengelb 240), Orange (Rotgelb 040) und Hochrot (Kadmiumrot hell 560) überfluten Blau (Kobaltblau mittel 660), Blauviolett (Dunkelultramarinblau 640) und Grün (Grasgrün 220). Violett und Grün erzeugen ein Türkisblau. Durch Violettblau und Orange entsteht Hochrot.

Abbildung 3:

Gelbgrün und Orange erzeugen miteinander ein leichtes Gelb, Rot und Blau addieren sich zu Violett.

Abbildung 4:

Magenta (Purpurrot 350) und Orange (Rotgelb 040) bewirken Hochrot, Violettblau (Dunkelultramarinblau 640) und Grün (Grasgrün 220) Türkis.

Direkte Überflutung

Abbildung 1

Abbildung 2

Abbildung 3

Abbildung 4

Die simultane Komplementärüberflutung

Bei der Anwendung der direkten Überflutung können wir einzelne Farbflächen von einer stark wirkenden Farbe, wie z.B. von Gelb, Orange oder Rot überfluten lassen. Dies funktioniert vor allem bei Farben, die der gewählten Überflutungsfarbe im Farbkreis nahestehen. Gelb verwandelt dann Hochrot z.B. in Orange und ein mittleres Grün in Gelbgrün. Gelb zieht also beide Farben zu sich heran, verleibt sich ihnen selbst ein.

Wollen wir Farben, die im Farbkreis weiter entfernt sind, von einer einzelnen, starken Farbe überfluten lassen, zieht diese starke Farbe die andern Farben nicht mehr zu sich heran, sondern sie stösst sie von sich ab, erzeugt in ihnen die fehlende Komplementärfarbe. So erzeugt ein Orange in einem Magenta die Komplementärfarbe Blau – das Magenta verwandelt sich zu Rotviolett und mittleres Grün in Blaugrün. Mischen wir diesem Magenta und diesem Mittelgrün zusätzlich noch etwas Blau bei, wird der Überflutungseffekt noch stärker, und die Farbflächen wirken, als wären sie mit einem blauen Schleier überzogen worden. Die Farbe beginnt selbst zu handeln[41].

Komplementärüberflutung

Gestaltungsbeispiele: Komplementärüberflutung

Abbildung 1:

Orange (Rotgelb 040) wird als stark leuchtende Farbe eingesetzt. Dazu kommen Magenta (Purpurrot 350) und Grün (Grasgrün 220) und Grau aus Weiss (Weiss 001) und Schwarz (Elfenbeinschwarz 496). Die drei letzteren Farben mit ganz wenig Blau etwas gebrochen. Orange zwingt nun alle andern Farben, seine Komplementärfarbe Blau zu erzeugen. Magenta und Grün werden noch blauer, Orange zum Teil etwas gelber. Im ganzen entsteht ein leiser, nur für geübte Augen wahrnehmbarer Schleier, der die ganze Komposition überzieht. Blau kommt also in die Gestaltung als fünfte Farbe indirekt dazu.

Abbildung 2:

Starkes Rotorange (hier Kadmiumrot hell 560) beherrscht diese Komposition. Als weitere Farben wurden Grün und Grau aus der vorhergehenden Komposition (Abbildung 1) übernommen. Rotorange zwingt nun allen andern Farben seinen Willen auf. Grau nimmt eine Färbung an, die zum Türkisblau tendiert, Grün wirkt, nebst der türkishaften Färbung, welche auch sein Aussehen bestimmt, etwas heller als im vorhergehenden Bild. Als vierte Farbe kommt Violettblau dazu, welches leicht ins helle Ultramarin gestossen wird. Auch hier wird durch die Farbkonstellation indirekt ein leiser, schwebender Blauschleier erzeugt.

Abbildung 3:

Gelb (Zitronengelb 240) und Rotorange (Kadmiumrot hell 560) sind hier die beherrschenden Farben. Gelb verwandelt Violettblau (Dunkelultramarinblau 640) zu leichtem Violett. Rotorange überstrahlt dieses Violett manchmal, verschmilzt mit ihm zusammen zu Rotviolett, dann wieder stösst es das Violettblau von sich weg zum Türkis hin. Wieder kommt das in den andern Beispielen verwendete Grau zum Einsatz. Es wird gelblich in dunklem Violettblau und stösst in gelber Umgebung ins Violette vor.

Abbildung 4:

Ein neutrales, dunkles Grau überzieht wie ein Gitter die Bildfläche. Ihm gesellen sich die beiden komplementären Paare Orange (Rotgelb 040 – Kobaltblau mittel 660) und Grün (Grasgrün 220) – Magenta (Purpurrot 350) zu. Die Farben wirken unruhig, bewegt, scheinen zum Teil über das Gitter hinwegzufliessen und stossen dessen graue Farbe ins Rote, Orange, Grüne oder Blaue.

Abbildung 1

Abbildung 2

Abbildung 3

Abbildung 4

Auf Goethe verweisend, beschreibt Josef Albers (Interaction of color) ein gleichseitiges Dreieck, das 9teilige Farbdreieck. Dasselbe Dreieck finden wir im Buch *Farben und Formen als lebende Kräfte* von Carry van Biema. Auch dort wird es als Farbdreieck von Goethe vorgestellt. Dieses Farbdreieck enthält nicht nur die Primär-, Sekundär- und Tertiärfarben, sondern einzelne, darin enthaltene Farbgruppen verweisen auf Farbstimmungen mit einer bestimmten psychischen Bedeutung.

Die besten Resultate zeigten sich nach meinen Erfahrungen, wenn in die einzelnen Felder folgende Buntfarben eingetragen werden: Gelb unten links (Zitronengelb 240), unten rechts Cyanblau (Permanentblau 670), im nach oben zeigenden Winkel Magenta (Purpurrot 350). Goethe selbst nannte diesen Farbton *Purpur* oder *Pfirsichblüt*. Jetzt könnten eigentlich alle weiteren Farben aus diesen drei Primärfarben erzeugt werden, doch würde man keine reinbunten Sekundärfarben – ausgenommen Grün – erhalten. Bessere Ergebnisse erzielt man, wenn man in die weiteren Felder folgende Farben einsetzt und diese gleichzeitig zum Mischen der Tertiärfarben benützt. Anstelle von Orange tritt Hochrot (Kadmiumrot hell 560). Goethe nannte diesen Farbton Gelbrot. Dann ein blaustichiges, sich dem Ultramarinblau zuneigendes Violett, nach Goethe Rotblau (Dunkelultramarinblau 640, mit etwas Purpurrot 350), unten ein mittleres Grün, nach Goethe Papageiengrün (Grasgrün 220). Dazwischen eingelagert und aus den Sekundärfarben gemischt die Tertiärfarben: Gelbgrau (Citrin), gemischt aus Hochrot (Kadmiumrot hell 560) und Grün (Grasgrün 220), Rotgrau (Russet, gemischt aus Kadmiumrot hell 560 und Dunkelultramarinblau 640, mit etwas Purpurrot 350), und schliesslich ein Blaugrau (Olive, gemischt aus Dunkelultramarinblau 640 und Grasgrün 220). Alle Farben miteinander gemischt, ergeben ein dunkles, sich dem Schwarz zuneigendes Grau. Weiss und Schwarz fehlt in dieser Zusammenstellung und müsste bei Gestaltungsarbeiten zweckmässig eingesetzt werden.

Eine andere, weniger bekannte Form des gleichen Dreiecks wurde von Walter Hess 1952 veröffentlicht [42].

Interessante Wirkungen lassen sich erzielen, wenn man das 9teilige Farbdreieck mit dem Farbkreis von Goethe kombiniert. In seiner Farbenlehre beschreibt Goethe drei Farbharmonien: Das Mächtige, das Sanfte und das Glänzende (§ 880–886). Im Mächtigen überwiegen Purpur, Hochrot und Gelb, Blau, Violett und Grün kommen mengenmässig schwächer zum Einsatz. Im sanften Effekt überwiegen Blau, Violett, Grün und Purpur, dazu kommt wenig Hochrot und wenig Gelb. Im glänzenden Effekt werden alle Farben des Farbkreises gleichmässig eingesetzt. Das 9teilige Farbdreieck ermöglicht zusätzlich noch die Hinzunahme der Tertiärfarben und des komplementären Graus. Erweitert man diese Farbauswahl noch durch Weiss und Schwarz, lassen sich gestalterisch sehr interessante Farbzusammenstellungen bewerkstelligen.

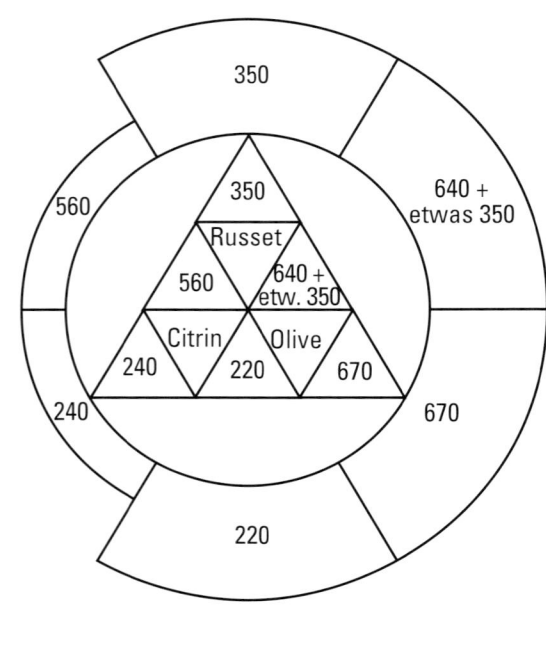

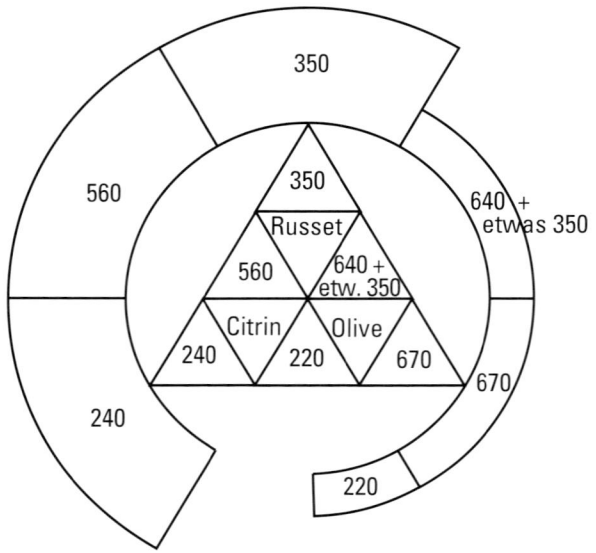

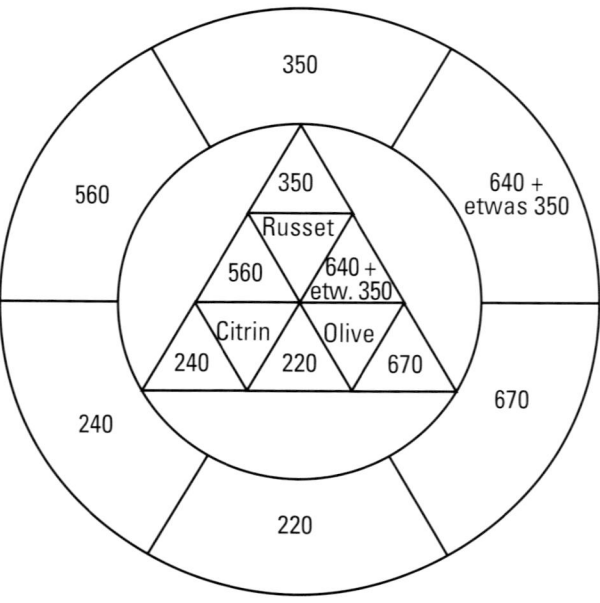

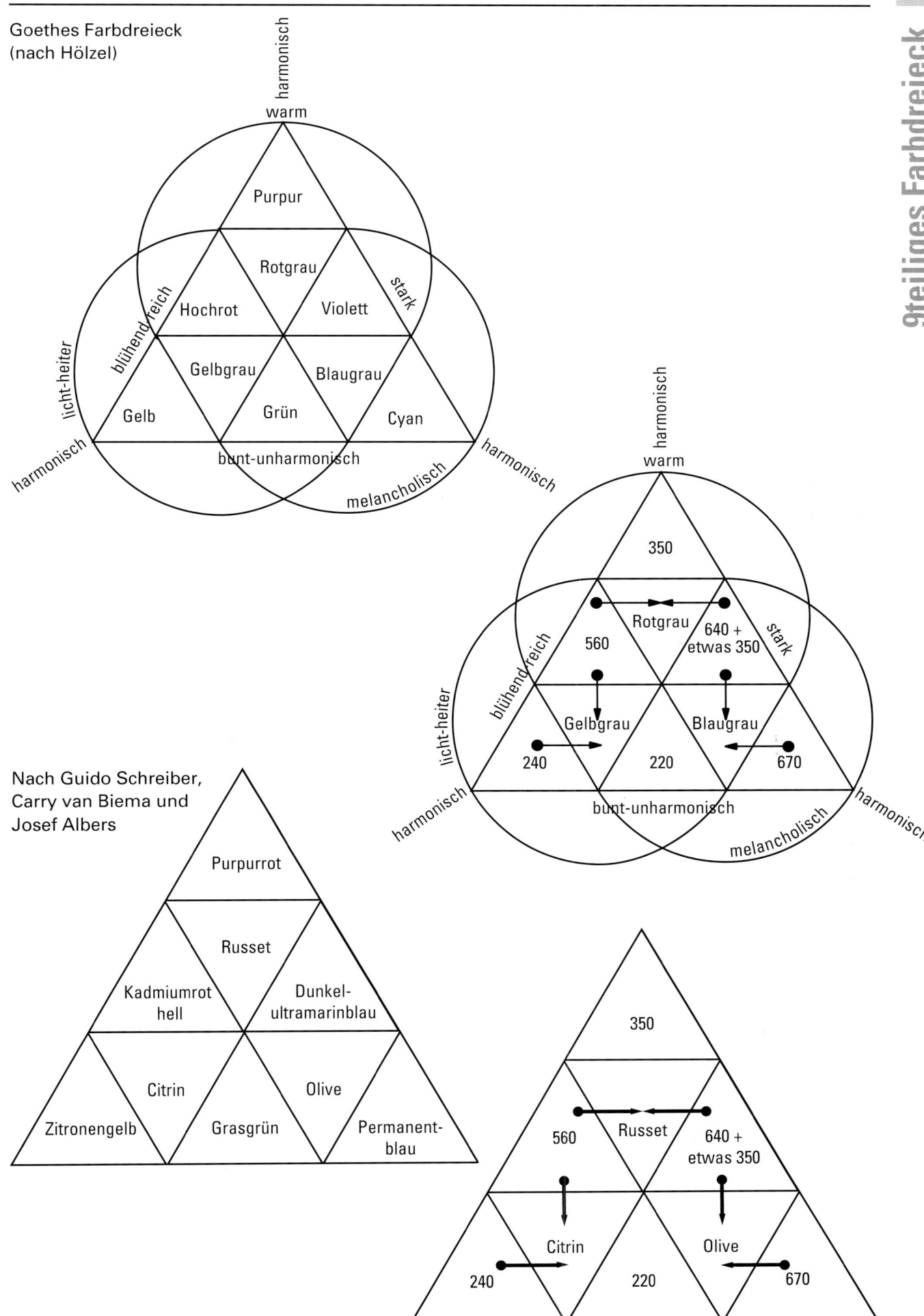

Zwei neunteilige Farbdreiecke

Goethes Farbdreieck (nach Hölzel)

harmonisch

warm

Purpur

Rotgrau

blühendreich · Hochrot · Violett · stark

licht-heiter · Gelbgrau · Blaugrau

Gelb · Grün · Cyan

harmonisch

bunt-unharmonisch

melancholisch · harmonisch

harmonisch

warm

350

Rotgrau

560 · 640 + etwas 350 · stark

blühendreich

licht-heiter · Gelbgrau · Blaugrau

240 · 220 · 670

harmonisch

bunt-unharmonisch

melancholisch · harmonisch

Nach Guido Schreiber, Carry van Biema und Josef Albers

Purpurrot

Russet

Kadmiumrot hell · Dunkel-ultramarinblau

Citrin · Olive

Zitronengelb · Grasgrün · Permanent-blau

350

560 · Russet · 640 + etwas 350

Citrin · Olive

240 · 220 · 670

Farbklänge aus dem 9teiligen Farbdreieck

Primärfarben
Zitronengelb, Cyan (Permanentblau) und Magenta (Purpurrot), das gemeinsame, komplementäre Grau, etwas Weiss, wenig Schwarz.

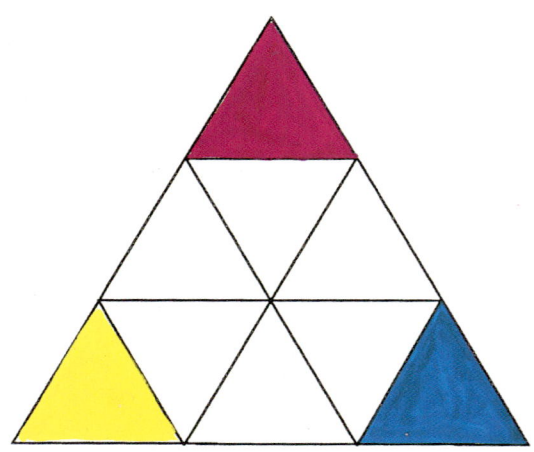

Sekundärfarben
Kadmiumrot hell, Violettblau (Ultramarinblau dunkel mit etwas Purpurrot), Grasgrün, das gemeinsame, komplementäre Grau, etwas Weiss, wenig Schwarz.

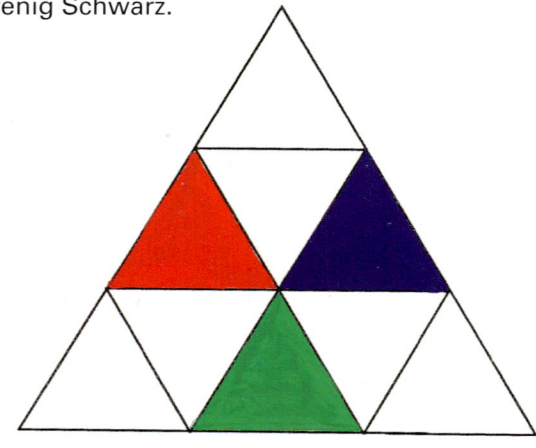

Tertiärfarben
Aus den vorhin beschriebenen Sekundärfarben gemischtes Rot-, Gelb- und Blaugrau und etwas Weiss.

Komplementärfarben

Drei Farbpaare und die dazugehörende Tertiärfarbe und Weiss:
Zitronengelb-Violettblau

Magenta-Grün

Rotorange-Cyan

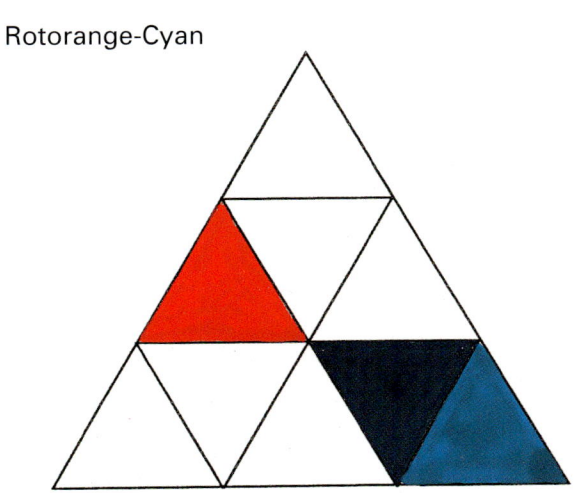

Farbklänge aus dem 9teiligen Farbdreieck

Drei Farbabstimmungen

Je eine Primärfarbe mit zwei Sekundärfarben und
der dazugehörenden Tertiärfarbe und Weiss und
Schwarz:

Heiter

Mächtig

Ernst

Drei Farbabstimmungen
Je zwei Primärfarben, eine Sekundärfarbe, zwei
Tertiärfarben und Weiss und Schwarz:
Leuchtend

Melancholisch

Unharmonisch

Anmerkungen

1. Leonardo da Vinci, *Traktat der Malerei*, nach der Übersetzung von Heinrich Ludwig. Jena 1909. Seite 90.
Maurice Martin, *Die Kontroverse um die Farbenlehre*. Schaffhausen 1979. Seite 17.

2. Johann Wolfgang Goethe, *Die Schriften zur Naturwissenschaft*, 5. Bd. Teil A, polemischer Teil, bearbeitet von Horst Zehe. Weimar 1992. Tafel XII, Figur 11.

3. Johann Wolfgang Goethe, *Farbenlehre*, herausgegeben von Gerhard Ott und Heinrich O. Proskauer. Stuttgart 1988. 4. Auflage. Titelblatt. Die Pigmente der für dieses Beispiel verwendeten Gouachefarben (Caran d'Ache extra-fine) wurden so gewählt, dass sich gegenüberliegende Farben bei gegenseitiger Ausmischung zu dunklem Grau auslöschen.

4. Philipp Otto Runge, *Die Farbenkugel*. Der vollständige Titel lautet: *Farbenkugel, oder Construction des Verhältnisses aller Mischungen der Farben zueinander und ihrer vollständigen Affinität, mit angehängtem Versuch einer Abteilung über Harmonie in der Zusammenstellung der Farben, von Philipp Otto Runge, Maler*. Die Schrift enthält noch einen Zusatz: *Nebst einer Abhandlung über die Bedeutung der Farben in der Natur, von Herrn Professor Henrik Steffens in Halle* und: *Mit eyner beigelegten Farbtafel*. Die *Farbenkugel* erschien 1810, im Verlag von Runges Freund, Friedrich Perthes, in Hamburg und erschien 1977 im Mäander Kunstverlag, Mittenwald, als numerierte Faksimileausgabe, versehen mit einem Nachwort von Heinz Matile. Das hier verwendete Exemplar trägt die Nummer 004.

5. Philipp Otto Runge, *Die Begier nach der Möglichkeit neuer Bilder, Briefwechsel und Schriften zur Kunst*. Leipzig 1982. Seite 179. Am 3. Juli 1806, in einem Brief an Goethe in Weimar.

6. Runge, *Farbenkugel*, Seite 8.

7. Ebd., Seite 8.

8. Ebd., (Anhang).

9. Carry van Biema, *Farben und Formen als lebende Kräfte*. Jena 1930. Aufsatz über Schopenhauer, Seite 115–118 und Farbtafel II.

10. Kurt Badt, *Die Farbenlehre Van Goghs*. Köln 1962. Seite 37.

11. Harald Küppers, *Harmonielehre der Farben: theoretische Grundlagen der Farbgestaltung*. Köln 1989. Farbtafel 31.

12. Ebd., Seite 195, Abb. 44.

13. Ebd., Seite 205, Abb. 46.

14. Württembergisches Landesmuseum Stuttgart und Kulturamt der Stadt Stuttgart, Württembergisches Landesmuseum Stuttgart und vom Kulturamt der Stadt Stuttgart, *Die Kunst steckt in den Mitteln*, Katalog einer Ausstellung von Glasmalerei. Stuttgart 1986. Farbkreise von Adolf Hölzel im Aufsatz von Effi Grimmer und Christoph Necker, Seite 49–53.

15. Carry van Biema, *Farben und Formen als lebende Kräfte*, Seite 110-111. Dort werden die Hölzelschen Farbkreise als *erweiterte Goethesche Farbkreise* gründlich beschrieben. Entsprechend der Goetheschen Anordnung steht dort jedoch Gelb auf der linken und Blau auf der rechten Seite.
Wolfgang Venzmer, *Adolf Hölzel, Leben und Werk*. Stuttgart 1982. Seite 223. In seinem Vortrag *Einiges über die Farbe und deren bildharmonische Bedeutung und Ausnützung*, gehalten am 1. deutschen Farbentag, anlässlich der 9. Jahresversammlung des deutschen Werkbundes, am 9. September 1919, weist Hölzel darauf hin, dass Purpur oben, die kalten Farben links und die warmen Farben rechts stehen. Es sei für *das Bild eine wichtige Erfahrung, dass dies unsern Augen wohltuender erscheint*. Gleichzeitig führt er aus, die Farbkreise seien aus dem Lehrbuch von Bezold übernommen. Betrachtet man die Farbkreise von Bezold in Küppers *Harmonielehre der Farben*, (Tafel 29), kann man feststellen, dass auch da Gelb rechts und Blau links steht. In unsern Beispielen wird Purpur mit Magenta gleichgesetzt.
Hölzel scheint das Buch von Carry van Biema nicht sehr geschätzt und nach einer mündlichen Mitteilung von Professor Weber gegenüber Wolfgang Venzmer als *Malanleitung für Dienstmädchen* bezeichnet zu haben. Im Vorwort übernimmt dann Carry van Biema auch die alleinige Verantwortung für das Buch, das die Hölzelsche Lehre vorstellt (Venzmer, Anmerkung 105). Carry van Biema hat im Weltkrieg 1914–1918 die wöchentliche Vorlesung Hölzels in Stuttgart besucht. Trotzdem lässt sich durch sie – im Zusammenhang mit andern Quellen – die Farbenlehre Hölzels einigermassen nachvollziehen.

16. Diese Form der Verteilung der Farben lässt mehr Grünnuancen zu und schafft ein Gleichgewicht gegenüber den Orange-Rot-Nuancen.

17. Johannes Itten, *Die Kunst der Farbe*. Ravensburg 1961. 2. Auflage, Seite 34.

18. Paul Klee, *Das bildnerische Denken*. Basel 1990. 4. Auflage, Seite 507.

19. Statt linearer Skalen, Farbübergängen auf einer Geraden, mittels gleichmässig abgestufter Farbfelder, kann man Schülerinnen und Schüler auch kreisförmige Ausmischungen ausführen lassen, indem man von einer Flächenform, ausgehend mit bandartigen Umfahrungen, Stufe um Stufe von einer Farbe zur andern übergeht. Das Erlebnis der Farbe wird so um einiges stärker. An der Schule für Gestaltung, Zürich, liess Viktor Hermann von seinen Schülerinnen und Schülern solche Übungen ausführen.
Faber-Birren, *Schöpferische Farbe*. Winterthur o. J. Seite 27. Auch Faber-Birren weist in seinem Buch auf entsprechende Übungen hin.

20. Ruppert Matthaei, *Goethes Farbenlehre*. Ravensburg 1971, Seite 168. Ausgehend von einer Tabelle, die dort veröffentlicht ist, hat Viktor Hermann diese Farbordnung entwickelt, indem er die beschriebenen Farben einfach in Malfarben (Substanzfarben) umsetzte. Tauschen wir die linke Seite dieser Figur gegen die rechte aus, erhalten wir wiederum den achtteiligen Farbkreis von Adolf Hölzel (siehe auch Innenseite Umschlag).

21. Walter Hess, *Das Problem der Farbe in Selbstzeugnissen moderner Maler von Cézanne bis Mondrian*. München 1953. Aufsatz über Adolf Hölzel.
Carry van Biema, *Farben und Formen als lebende Kräfte*, Seite 186.
Johannes Itten, *Die Kunst der Farbe*. Ravensburg 1961. 2. Auflage, Seite 35.

22. Willi Rotzler, *Johannes Itten, Werke und Schriften*. Zürich 1972. Seite 93. Brief von Johannes Itten an Prof. Julius Baum vom 24. September 1952.

23. Adolf Hölzel, Vortrag, *Einiges über die Farbe und deren bildharmonische Bedeutung und Ausnützung*.

24. Johannes Itten, *Die Kunst der Farbe*. Ravensburg 1961. 2. Auflage, Seite 116–117.

25. Carry van Biema, *Farben und Formen als lebende Kräfte*, Seiten 109–113, Walter Hess, *Das Problem der Farbe*, Aufs. über Adolf Hölzel und Vortrag, Adolf Hölzel, *Einiges über die Farbe und deren bildharmonische Bedeutung und Ausnützung*.

26. Carry van Biema, *Farben und Formen als lebende Kräfte*, Seite 187, und Vortrag Adolf Hölzel, *Einiges über die Farbe und deren bildharmonische Bedeutung und Ausnützung*.

27. Adolf Hölzel, *Einiges über die Farbe und deren bildharmonische Bedeutung und Ausnützung*.

28. Johannes Itten, *Die Kunst der Farbe*, Seite 64.

29. Kurt Staguhn, *Didaktik der Kunsterziehung*. Frankfurt am Main 1972. 2. Auflage, Seite 74.

30. Kurt Badt, *Die Farbenlehre Van Goghs*, Seite 37.

31. Michel Eugène Chevreul, *La loy du contrasté simultané des couleurs*. Paris 1839.

32. Carry van Biema, *Farben und Formen als lebende Kräfte* . Seite 193.

33. Johann Wolfgang Goethe, *Farbenlehre*, Band 1, Vorwort, Seite 45.

34. Carry van Biema, *Farben und Formen als lebende Kräfte* , Seite 194.

35. Walter Oskar Grob, *Farbenlehre für Malende* Zürich 1972, Seite 115.

36. Carry van Biema, *Farben und Formen als lebende Kräfte*, Seite 195.

37. Heinrich O. Proskauer, *Zum Studium von Goethes Farbenlehre*. Basel 1985. Seite 49.

38. Carry van Biema, *Farben und Formen als lebende Kräfte*, Seite 196 –197.

39. Ebd., Seite 199.

40. Ebd., Seite 199.

41. Ebd., Seite 200. Vergl. auch:
Ellen Marx, *Farbintegration und Simultankontrast*. Göttingen und Zürich 1989.

42. Aus dem Unterricht von Viktor Hermann, Schule für Gestaltung, Zürich.
Guido Schreiber, *Die Farbenlehre für Architekten, Techniker, Maler und Bauhandwerker*. Leipzig 1868. Dort veröffentlicht, ohne Angaben über Farbstimmungen, aber mit genauer Beschreibung der 9 verwendeten Farben. Schreiber beruft sich auf den englischen Chromatiker Georges Fields, der dieses Farbdreieck erstmals veröffentlicht habe. Von diesem würden auch die Bezeichnungen der drei Tertiärfarben, *Russet* für Rotgrau, *Citrin* für Gelbgrau und *Olive* für Blaugrau stammen. Wie Schreiber ausführt, kam es deshalb zu der Bezeichnung Olive, weil Fields offenbar ein zu gelbstichiges Grün verwendete.
In anderer Form (a) veröffentlicht von Walter Hess in *Das Problem der Farbe in Selbstzeugnissen moderner Maler von Cézan-*

ne bis Mondrian, im Aufsatz über Adolf Hölzel. Dort unter der Angabe von Farbstimmungen wie *licht-heiter, blühend-reich, warm, stark, melancholisch, bunt-unharmonisch*. Wie Hess ausführt, lasse sich die Goethesche Farbenlehre auf dieses Dreieck beziehen.

In der bekannten Form (b) 1930 veröffentlicht von Carry van Biema in *Farben und Formen als lebende Kräfte*. Van Biema behandelt dort dieses Dreieck als Bestandteil der Goetheschen Farbenlehre und weist auf folgende Farbstimmungen hin: *heiter, leuchtend, mächtig, melancholisch, ernst*. Also andere Farbstimmungen als Walter Hess und nur fünf statt sechs. Johannes Itten veröffentlicht dieses Dreieck 1961 ebenfalls in *Kunst der Farbe*, aber wiederum ohne Angaben über Farbstimmungen. Und statt der drei *Goetheschen* Primärfarben: Zitronengelb, Magenta und Cyanblau verwendet Itten die drei *mittleren* Primärfarben, gemäss den Ausführungen in seinem Kapitel über die *konstruktive Farbenlehre* und gemäss seinem Farbkreis steht dort Gelb oben, Rot rechts und Blau links. Und im Bauhausarchiv in Berlin ist ein Orginal eines solchen Dreiecks als Bestandteil der Farbenlehre von Itten am Bauhaus in Weimar – ausgeführt von Ludwig Hirschfeld-Mack - aufbewahrt. In Interaction of Color veröffentlicht Josef Albers wiederum dieses Dreieck, mit den gleichen Stimmungen wie Van Biema 1930, aber mit den Ittenschen, mittleren Primärfarben.

Einen Hinweis, dass dieses 9teilige Farbdreieck nun tatsächlich auch von Goethe stammt, habe ich nirgends gefunden, und auch ausgezeichnete Kenner der Goetheschen Farbenlehre, die ich darauf ansprach, wissen nichts von diesem Dreieck, und auch ein Nachfragen im Goethe-Museum in Weimar hat nichts gebracht. Ich vermute vielmehr, dass Hölzel, der sich in seinem Vortrag am deutschen Farbentag am 9. September 1919 auf dieses Dreieck und auf Schreiber beruft, dieses Dreieck in seinem Unterricht verwendete, die Goethesche Farbenlehre darauf bezog und an Van Biema weitergab, die es dann als das *Goethe-Farbendreieck* in *Farben und Formen als lebende Kräfte* veröffentlichte. Aber schon dass zwei Varianten bestehen, lässt den Schluss zu, dass dieses Dreieck – vor allem mit den Farbstimmungen – nicht von Goethe stammt. Goethe beschreibt denn auch in seiner Farbenlehre lediglich den *sanften* und den *mächtigen Effekt* und das *Glänzende* als Farbstimmungen.

Quellenverzeichnis

1. Albers, Josef, *Interaction of Color*. Deutsche Übersetzung von Gui Bonsiepe. Köln 1970.

2. Arnheim, Rudolf, *Kunst und Sehen*. Berlin, New York 1978.

3. Badt Kurt, *Die Kunst Cézannes*. München 1956.

4. Badt, Kurt, *Eugène Delacroix*. Köln 1965.

5. Badt, Kurt, *Die Farbenlehre Van Goghs*. Köln 1962.

6. Bauhausarchiv, *Sammlungskatalog 1981*.[3] Berlin 1987.

7. Bjerke, André, *Neue Beiträge zu Goethes Farbenlehre*. Stuttgart 1963.

8. Braem, Harald, *Die Macht der Farben*. München 1989.

9. Chevreul, Michel Eugène, *La loy du contraste simultané des couleurs*. Paris 1839.

10. Da Vinci, Leonardo, *Traktat der Malerei*, nach der Übersetzung von Heinrich Ludwig. Jena 1909.

11. Dörner, Max, *Malmaterial und seine Verwendung im Bilde*. [12] Stuttgart 1965.

12. Dürbeck, Helmut, *Zur Charakteristik der griechischen Farbenbezeichnungen*. Bonn 1977.

13. Eberhard, Lilli, *Heilkräfte der Farben*. Ergolding 1954.

14. Ebert, Wilhelm, *Lexikon der Kunstpädagogik*. Wuppertal 1970.

15. Eibner, A. *Tafelmalerei*. München 1928.

16. Eschmann, Karl, *Farbe als Gestaltungselement*. Göttingen-Zürich 1981.

17. Eucker, Johannes und Walch, Josef, *Farbe, Wahrnehmung, Geschichte und Anwendung in Kunst und Umwelt*. Schroedel. Hannover 1988.

18. Faber-Birren, *Schöpferische Farbe*. Werkverlag. Winterthur o.J.

19. Frieling, Heinrich, *Ein Leben für die Farbe*. Göttingen, Zürich 1990.

20. Frieling, Heinrich, *Mensch und Farbe*. Göttingen und Zürich 1981.

21. Frieling, Heinrich, *Mit der Farbe auf Du und Du*. Göttingen-Zürich 1986.

22. Gekeler, Hans, *DuMonts Handbuch der Farbe*. Köln 1988.

23. Gekeler, Hans, *Taschenbuch der Farbe*. Köln 1991.

24. Gercke, Hans, *Blau: Farbe der Ferne*. Heidelberg 1990.

25. Gerritsen, Frans, *Entwicklung der Farbenlehre*. Göttingen-Zürich 1984.

26. Goethe, Johann Wolfgang, *Die Schriften zur Naturwissenschaft*, 5. Bd. Teil A, polemischer Teil, bearbeitet von Horst Zehe Weimar 1992.

27. Goethe, Johann Wolfgang, *Farbenlehre*, herausgegeben von Gerhard Ott und Heinrich O. Proskauer.[4] Stuttgart 1988.

28. Grimmer, Effi, *Adolf Hölzel und seine Theorie der künstlerischen Mittel*. Magisterarbeit. Tübingen 1985.

29. Grob, Walter Oskar, *Farbenlehre für Malende*. Zürich 1972.

30. Hebing, Julius, *Welt, Farbe und Mensch*. Stuttgart 1983.

31. Heller, Eva, *Wie Farben wirken*. Hamburg 1989.

32. Hess, Walter, *Das Problem der Farbe in Selbstzeugnissen moderner Maler von Cézanne bis Mondrian*. München 1953.

33. Hölzel, Adolf, *Aufbruch zur Moderne, Katalog zur Ausstellung in der Villa Stuck*. München 1980.

34. Hölzel, Adolf, *Katalog zur Ausstellung der Galerie Römer*. Galerie Römer. Zürich 1988.

35. Hölzel, Adolf, *Katalog zu Ausstellung der Kestner Gesellschaft*. Hannover 1982.

36. Hölzel, Adolf, *Die Kunst steckt in den Mitteln*. Katalog einer Ausstellung von Glasmalerei in Stuttgart, herausgegeben vom Württembergischen Landesmuseum Stuttgart und vom Kulturamt der Stadt Stuttgart. Stuttgart 1987.

37. Itten, Johannes, *Bildanalysen*. Ravensburg 1988.

38. Itten, Johannes, *Elemente der Bildenden Kunst*. Ravensburg 1980.

39. Itten, Johannes, *Kunst der Farbe*. Studienausgabe. Ravensburg 1987.

40. Itten, Johannes, *Meine Symbole und meine Mythologien werden die Farben und Formen sein*. [2] Wien 1988.

41. Itten, Johannes, *Mein Vorkurs am Bauhaus*. Ravensburg 1963.

42. Itten, Johannes, *Tagebücher, Stuttgart und Wien*. Wien 1990.

43. Itten, Johannes, *Die Kunst der Farbe*. [2] Ravensburg 1961.

44. Januszac, Waldemar, *Maltechniken grosser Meister*. Christian. München 1981.

45. Jaxtheimer, Bodo W. *Knaurs Mal und Zeichenbuch*. Knaur München 1961.

46. Jenny, Peter, *Farbhunger*. Zürich 1994.

47. Kandinsky, Wassily, *Essays über Kunst und Künstler*.[2] Bern 1963.

48. Kandinsky, Wassily, *Punkt und Linie zu Fläche*.[3] Bern 1984.

49. Kandinsky, Wassily, *Über das Geistige in der Kunst*.[10] Bern 1952.

50. Kempter, Lothar, *Hans Brühlmann, Leben und Werk*. Basel 1985.

51. Kindlers *Enzyklopädie der Kunst*, 12 Bände. München 1982.

52. Kindlers *Lexikon der Malerei*, 15 Bände. München 1982.

53. Klee, Paul, *Unendliche Naturgeschichte*. Basel 1970.

54. Kleint, Boris, *Bildlehre – der sehende Mensch*. Basel 1980.

55. Knuchel, Hans und Nänni, Jürg, *Blau. Gelb. Rot. Farbanagramme*. Ennetbaden 1991.

56. Knuf, Joachim, *Unsere Welt der Farbe*. Köln 1988.

57. Koblo, Martin, *Welt der Farbe*. Wiesbaden 1961.

58. Koch, Elisabeth und Wagner, Gerhard, *Die Individualität der Farbe*. Stuttgart 1982.

59. Koch, Karl, *Das grosse Malerhandbuch*.[9] Giessen 1952,

60. Koch, Walter A., *Deine Farbe, Dein Charakter*.[3] Bietigheim 1953.

61. Kraaz von Rohr, Ingrid S. *Die Farben deiner Seele*. München 1991.

62. Küppers, Harald, *Die Farbenlehre der Fernseh-, Foto- und Drucktechnik*. Köln 1985.

63. Küppers, Harald, *Farbenatlas*.[2] Köln 1981.

64. Küppers, Harald, *Farbensonne*. München 1989.

65. Küppers, Harald, *Grundgesetz der Farbenlehre*.[3] Köln 1983.

66. Küppers, Harald, *Harmonielehre der Farben: theoretische Grundlagen der Farbgestaltung*. Köln 1989.

67. Leber, Claudia Giani, *Alfred Heinrich Pellegrini und die Hölzel-Schule*. Basel 1988.

68. Lochmann, Angelika und Overath, Angelika, *Das blaue Buch*. Greno. Nördlingen 1988.

69. Lüscher, Max, *Der 4-Farben-Mensch*. München 1977.

70. Martin, Maurice, *Die Kontroverse um die Farbenlehre*. Schaffhausen 1979.

71. Marx, Ellen, *Die Farbkontraste*. Ravensburg 1971.

72. Marx, Ellen, *Farbintegration und Simultankontrast*. Göttingen und Zürich 1989.

73. Matile, Heinz, *Die Farbenlehre des Philipp Otto Runge*. Bern 1972.

74. Matthaei, Ruppert, *Goethes Farbenlehre*. Ravensburg 1971.

75. Meier-Graefe, Julius, *Eugène Delacroix*. München 1922.

76. Müller, Aemilius, *Farbenpraktikum, mit Schulfarbenatlas*. Winterthur 1955.

77. Müller, Aemilius, *Die moderne Harmonielehre*,[2] Winterthur 1995.

78. Müller, Aemilius, *Praktische Farbenlehre*. Winterthur 1961.

79. Müller, Aemilius, *Quo vadis, Küppers? Zur katastrophalen Verunsicherung der deutschen Farblehrszene*. Winterthur 1980.

80. Muths, Christa, *Farbtherapie*. München 1991.

81. NCS *Farbenatlas*, Stockholm 1989

82. Nemcsics Antal, *Farbenlehre und Farbendynamik*. Göttingen, Zürich 1993.

83. Nizon, Paul,*Van Gogh in seinen Briefen*. Frankfurt a. M. 1977.

84. Ostwald, Wilhelm, *Die Farbenfibel*. Leipzig 1923.

85. Ostwald, Wilhelm, *Die Harmonie der Farben*.[5] Leipzig 1921.

86. Ott, Gerhard und Proskauer Heinrich, O., *Das Rätsel des farbigen Schattens*. Basel 1979.

87. Pawlik, Johannes, *Goethe Farbenlehre*. Köln 1974.

88. Pawlik, Johannes, *Malen lernen*. Köln o. J.

89. Pawlik, Johannes, *Praxis der Farbe*.[3] Köln 1987, 3. Auflage.

90. Pawlik, Johannes, *Theorie der Farbe* . DuMont.[8] Köln 1987.

91. Pawlik, Johannes und Strassner Ernst und Fritz, *Bildende Kunst, Begriffe und Reallexikon*.[4] Köln 1975.

92. Proskauer, Heinrich O., *Hundertfünfzig Jahre Goethes Farbenlehre und die Fruchtbarkeit ihrer Prinzipien zur Verständnis neu entdeckter Farbphänomene*. Sonderdruck aus der Zeitung *Die Drei*. Stuttgart 1961.

93. Proskauer, Heinrich O., *Zum Studium von Goethes Farbenlehre*. Basel 1985.

94. Proskauer, Heinrich O., *Zum Streit der Newtonschen gegen die Goethesche Denkweise in der Farbenlehre*. Dornach 1989.

95. Rehmann, Irene, *Adolf Hölzel, Theorie und Unterricht: Die Bedeutung der künstlerischen Praxis*. Lizentiatsarbeit. Bern 1986.

96. Renner, Paul, *Ordnung und Harmonie der Farben*. Ravensburg 1947.

97. Riedel Ingrid, *Farben. In Religion, Gesellschaft, Kunst und Psychotherapie*. Stuttgart 1983.

98. Rotzler, Willi, *Johannes Itten, Werke und Schriften*. Zürich 1972 .

99. Runge, Philipp Otto, *Die Begier nach der Möglichkeit neuer Bilder, Briefwechsel und Schriften zur Kunst*. Leipzig 1982.

100. Runge, Philipp Otto, *Die Farbenkugel*. Friedrich Perthes. Hamburg 1810. Als numerierte Faksimileausgabe: Mittenwald 1977, Nr. 004.

101. Runge, Philipp Otto, *Bild und Symbol*. München 1977.

102. Runge, Philipp Otto, *Die Farbenkugel*. Stuttgart 1959.

103. Ruseler, J., *Farbe und Farbenlehre*. Apeldoorn 1983.

104. Scharnowell, V. u. G., *Von Newton zu Goethe*. Die Pforte. Basel 1973.

105. Schreiber, Guido, *Die Farbenlehre für Architekten, Techniker, Maler und Bauhandwerker*. Leipzig 1868.

106. Spillmann, Werner, *Farbe als Gestaltungselement der Architektur*. Winterthur 1981[2]

107. Staguhn, Kurt, *Didaktik der Kunsterziehung*. Frankfurt a. M. 1972, 2. Auflage.

108. Steiner, Rudolf, *Das Wesen der Farben*. Dornach 1986.

109. Studer, Daniel, *Martha Cunz, Leben und Werk*. Dissertation. Zürich 1992.

110. Studer, Daniel, *Martha Cunz: Das graphische Werk*. St. Gallen 1993.

111. Tielmann-Stödtner, Ottilie und Hanke, Gerhard, *Dachauer Maler*.[2] Dachau 1989.

112. Van Biema, Carry, *Farben und Formen als lebende Kräfte*. Jena 1930.

113. Van Gogh, Vincent, *Briefe über die Kunst*. Köln 1963.

114. Venzmer, Wolfgang, *Adolf Hölzel, der behutsame Avantgardist*. Katalog zur Ausstellung anlässlich der Landeskunstwochen. Heidesheim 1985.

115. Venzmer, Wolfgang. *Adolf Hölzel, Leben und Werk* . Stuttgart 1982.

116. Wehlte, Kurt, *Werkstoffe und Techniken der Malerei*. Otto-Maier.[3] Ravensburg 1967.

117. Willson, Anni u. Bek, Lilla, *Farbtherapie*. Bern, München, Wien 1988.

118. Wingler, Hans M. *Das Bauhaus*. Bramsche[2] 1962. 2. Auflage.

119. Zuffo, Dario, *Die Grundlagen der visuellen Gestaltung*. Frankfurt a. M. 1990.

120. Zwimpfer, Moritz, *Farbe, Licht, Sehen, Empfinden*. Bern, Stuttgart 1985.

Erklärungen zu den im Text verwendeten Begriffen

Die kursiven Ziffern bezeichnen die im Verzeichnis aufgeführte Quelle.

addieren:
Farben «optisch mischen». Nach Hölzel lässt das Zusammenbringen von Buntfarben des Farbkreises in kleinen Teilchen eine dritte Buntfarbe entstehen, die im Farbkreis zwischen diesen Ausgangsfarben liegt. So addieren sich Zitronengelb 240 und Permanentblau 670 zu Grün und Kadmiumrot hell 560 und Dunkelultramarinblau 640 zu Purpur. Die Wirkung kann noch etwas verstärkt werden, wenn man die dunkleren Farben mit Weiss (001) etwas aufhellt, die dunklere Farbe der helleren angleicht. Aber auch Grau lässt sich durch optische Mischung *addieren* (z.B. aus Rotgelb 040 und Kobaltblau mittel 660). Nicht zu verwechseln mit *additiver Mischung*.

additive Mischung:
Zitiert nach Zwimpfer (*120*, Ziff. 88): «Durch Summierung von Lichtstrahlen mit unterschiedlicher spektraler Zusammensetzung – d. h. mit unterschiedlicher Farbe – entsteht eine neue Farbe.» Gemeint ist die Mischung von farbigem Licht. Aus der Mischung der drei additiven Grundfarben Violettblau, Orangerot und Grün entsteht Weiss, aus Violettblau und Grün entsteht Blau, aus Orangerot und Violettblau entsteht Rot, aus Orangerot und Grün entsteht Gelb. Zwei Farben, die sich in additiver Mischung zu Weiss neutralisieren, werden in der Physik Komplementärfarben genannt (siehe *Komplementärfarben und subtraktive Mischung*).

Acrylfarbe, Acrylmalmittel:
Acrylfarbe ist eine wasservermalbare Farbe, die aber wasserunlöslich auftrocknet. Das Bindemittel einer Acrylfarbe ist eine Kunstharzdispersion, also in Wasser *dispergierte*, d. h. fein verteilte Kunstharzteilchen. Im Trocknungsprozess verdunstet das Wasser, die Kunstharzteilchen schliessen sich zu einem festen, elastischen Film zusammen, der die Pigmente einschliesst.

Aquarellfarben, Aquarellmalerei:
Aquarellfarben bestehen aus sehr fein gemahlenen und gut ausgeschlemmten Pigmenten, die mit Lösungen aus gut ausgesuchten Gummiarabicum, Dextrin oder Tragant sehr fein angerieben wurden. Dadurch entstehen in der Form von Aquarellfarben hochtransparente Malfarben. Aquarellfarben erlauben sowohl einen äusserst zarten Farbauftrag in der Form von Lasuren als auch starke Farbigkeit, wie wir sie z. B. in den Aquarellen von Emil Nolde vorfinden.

Blauviolett:
Auch Violettblau (Küppers *65, 66*) oder Violett-Blau (Zwimpfer *120*). In einzelnen Farbkreisen auch als *Violett* bezeichnet, als Komplementärfarbe zu *Zitronengelb*. Es handelt sich dabei meist um ein dunkles Ultramarinblau, das in manchen Fällen mit einem kleinen Zusatz von *Magenta* etwas rötlicher gefärbt werden muss. Dies vor allem dann, wenn seine Ausmischung mit Zitronengelb kein neutrales Dunkelgrau, sondern ein dunkles Olivgrün ergibt.

Buntart:
(Nach Küppers *65*) auch Buntrichtung: Gelb, Orange, Rot, Violett, Blau, Grün. Grob (*29*): Farbart, auch Ton, Farbton, Farbrichtung.

Buntfarben:
Auch *gesättigte* Farben, *Vollfarben = v* (Müller *76, 77, 78* und Ostwald *84*), reinbunte, reine Farben des Farbkreises. Buntfarben sind Farben von grösster Intensität und optischer Reinheit und Leuchtkraft.

Buntgrad:
Stufen von der grössmöglichen Reinheit – hohem Buntgrad – einer Malfarbe bis zur stärksten Trübung durch Weiss, Grau und Schwarz.

Buntheit:
Negativ: Durcheinander (kunterbunt) von Farben, positiv: Farbenfülle.

Buntkontrast, Buntartenkontrast:
Ittens Farbe-an-sich-Kontrast ist ein Buntartenkontrast. Es handelt sich dann um eine möglichst geordnete Zusammenstellung von Farben mit hohem Buntgrad.

Buntnuancen:
Reine Mischungen von Buntfarben, z. B. Rotorange, Blauviolett, Gelbgrün. Auch feststehende Buntfarben mit bestimmten Bezeichnungen nach Pigmenten, Zinnober, Karmin, Kobaltblau u. a. m.

Cyan:
Helles, leicht grünliches Blau. Eigentlich *Cianus* (griechisch: *kyaneos*), heisst *Stahlblau* oder *Dunkelblau* (siehe Pawlik *89*). Cyan, oder Cyanblau ist eine Farbbezeichnung in beiden Hölzel Farbkreisen. Auch Grundfarbe der Fernseh-, Druck-, Computer- und Photokopiertechnik.

Dämpfung:
Trübung von Buntfarben.

dividieren:
Nach Hölzel: Farben teilen, d. h. eine einzelne Nuance variieren, indem Grün auch in kleinen blauen und gelben Flächen dargestellt werden kann. Divisionismus: Die Farben sind nicht als geschlossene Schicht aufgetragen, sondern in ihre Grundfarben bzw. Komplementärkontraste zerlegt, die wie Rasterpunkte als kleine Tupfen nebeneinandergesetzt und erst im Auge des Betrachters optisch gemischt werden (siehe Kindler *52, Bd. 13*).

Dunkeltrübe:
Mit Schwarz verdunkelte Buntfarben. Früher *dunkelklar*. Zusätze von Weiss und Schwarz vermögen bei Buntfarben leichte bis starke Trübungen hervorzurufen.

Eitempera:
Bindemittel, Emulsion besteht aus Öl, Wasser und Ei als Emulgator.

Erd- oder Eisenoxydfarben:
Ocker, Siena, Umbra, Veroneser- oder böhmische grüne Erde, Oxydrot, Oxydgelb, Oxydbraun, Englischrot, Caput mortuum. Pigmente, die zum Teil im Tagbau und zum Teil durch Fällung gewonnen werden. Natürliche anorganische Mineralpigmente bestechen durch ihre maltechnischen Eigenschaften (Lasierfähigkeit) und durch ihr «bedecktes», «verhaltenes», «gedämpftes» Aussehen. Farben mit niedrigem Buntgrad.

Fächer oder Pfauenrad:
Eine Form von Komplementärkontrast, nur steht einer einzelnen Buntfarbe im Farbkreis ein ganzer Farbbereich, ausgedrückt in vielen Nuancen gegenüber (z.B. Cyanblau auf der einen Seite und alle Nuancen, zwischen Orange und Violett auf der andern Seite, wobei auch Komplementärmischungen einbezogen werden können).

Farbauswahl:
Farbsortiment, Mischsortiment, Mischfarbensatz, Ausgangsfarben, Tubenfarben.

Farbige Überflutung:
Simultanität, Simultankontraste, simultane Eigenschaften und Verschiebungen der Farben, optische Mischung.

Farblösungen:
Flüssige Farbstoffe, Tinten, chemische Lösungen, dienen vorwiegend zum Färben.

Farbnuancen:
1. Feststehender, auf bestimmte Pigmente oder Tubenfarben (wie Zinnober, Zitronengelb, Kadmium gelb mittel u.a.m.) bezogener Begriff oder

2. Farbnuancen, Zwischenfarben, die durch Mischung der Farben eines Farbsortiments erreicht werden.

Grautrübe:
Buntfarben durch Zusätze von Weiss *und* Schwarz – also Grau oder Beimischungen von Komplementärgrau stark getrübt (auch gedämpft) wurden.

Harzölfarbe, Harzölmalerei:
Technik der Ölmalerei. Als Bindemittel dienen Harze wie Dammar, Mastix oder Venezianer-Terpentin. Solche Harze können als natürliche Lacke fertig gelöst und gereinigt im Fachhandel bezogen werden. Harzölfarben sind hochtransparente, lasierfähige Farben und werden oft verbunden mit Temperamalerei (Eitempera, Kaseintempera), als Mischtechnik in Schichtenmalerei angewendet (siehe fachspezifische Literatur Dörner *11*, Wehlte *116*).

Helligkeit:
Eigenhelle oder Eigenhelligkeit von Buntfarben (Zitronengelb hell, Blauviolett dunkel), aber auch aufhellende oder verdunkelnde Zusätze von Weiss und Schwarz und Hell-Dunkel-Kontrast.

Helltrübe:
Früher *hellklar*. Trübungen, Dämpfungen einer Buntfarbe durch Weiss (siehe auch Dunkeltrübe oder Grautrübe).

Hochrot:
Ein Begriff von A. Hölzel für das orangefarbene Rot (Zinnober, Kadmium, auch Scharlachrot).

Integrierte Mischung:
Nach Küppers (*63*) Farbmischung nach einem bestimmten System, mit deckenden Malfarben. Auch *Substanzmischung*, *Nuancenmischung*, *vermengende* Mischung von Malfarben.

Intensität:
Leuchtkraft einzelner Farben. So besitzen Gelb, Orange und Rot mehr Intensität als Blau, Violett und Grün und Buntfarben mehr als hell-, grau- oder dunkeltrübe Farben (auch Qualität).

Intensitätskontrast:
Kontraste zwischen Farben mit unterschiedlicher Intensität, aber auch Kontrast von Bunt und Unbunt und Farben mit verschiedenen Buntgraden.

Komplementär:
Über Begriffe wie Komplementär-Kontrast, Komplementärfarbe, komplementär und *Komplementärmischen* wird in der Farbenlehre viel gestritten. Verschiedene Autoren wollen den Begriff komplementär nur auf die Physik beziehen und zwar nur auf die additive Mischung, wo die Mischung komplementärer Farbpaare Weiss ergeben. Gleichzeitig aber ist darauf hinzuweisen, dass in Künstlerfarbenlehren diese Begriffe immer wieder vorkommen und dort nicht durch *Gegensatzfarben oder Gegenfarben ersetzt* werden können. Begriffe mit dem Wort *Komplementär*, *complementaire*, *complementar* oder *komplementar* sind im 19. Jh. kunsthistorisch gewachsen (Delacroix, Blanc, Van Gogh, Hölzel, Klee, Itten) und sind nicht rückgängig zu machen, sonst müsste man ja auch die Kunstgeschichte korrigieren. Wichtig ist, dass man auch hier wieder zwischen naturwissenschaftlicher und Künstler-Farbenlehre unterscheidet. *Komplementär-Kontrast*: Farbkontrast als Buntfarbenkontrast oder in anderer Form, auch als *gebrochener Komplementärkontrast*, aufgebaut aus einzelnen oder mehreren *Komplementärfarbenpaaren*, aber von Hölzel auch als *gespaltener Komplementärkontrast* umschrieben (Drei- oder Vierklänge). *Komplementär* sind in der Künstlerfarbenlehre Farben nur dann, wenn sie in ihrer gegenseitigen Ausmischung ein möglichst neutrales Grau ergeben (*effektive Komplementärfarben*). *Scheinbare Komplementärfarben* stehen sich wohl in verschiedenen Farbkreisen gegenüber und werden dort dann auch als Komplementärfarben bezeichnet (Runge, Itten, Klee) ergeben aber in ihrer gegenseitigen Ausmischung kein Grau. *Komplementärmischungen*: Nuancen aus *komplementären Farbpaaren*. Komplementärgrau: Dunkelgrau, erzeugt aus *effektiven Komplementärfarben* (siehe auch Pawlik *89/90*).

Künstlerfarbenlehre:
Individuelle, persönliche Farbenlehren grosser Künstlerpersönlichkeiten, die – wie z.B. bei Hölzel – auch zum Bestandteil von eigener Unterrichtstätigkeit wurden.

Lasuren, Lasurmalerei:
Unter Lasur verstehen wir einen dünnen transparenten Farbaufstrich, durch welchen das auftreffende Licht hindurchgeht wie durch farbiges Glas. Typische Techniken der Lasurmalerei sind: Aquarell-, Eitempera-, Harzöl- und Wachsharzmalereien. Es handelt sich dabei um Maltechniken, in welchen die Farben schichtenweise übereinandergelegt werden. Untere Schichten sind durch obere Schichten hindurch erkennbar. Typische Lasurpigmente: Krapplack, Ultramarinblau, Preussischblau, Chromoxydhydratgrün, Siena, Umbra, Grüne Erde, Kasselerbraun (siehe auch spezielle Literatur Dörner *11*, Pawlik *88*, Wehlte *116*).

Magenta:
Ein eher blaustichiges Rot, ein Purpurrot, benannt nach einer Stadt in Oberitalien mit bedeutender Seidenindustrie, wo dieser Farbton offenbar entdeckt wurde. Magenta ist auch eine Grundfarbe der Fernseh-, Druck-, Computer- und Photokopiertechnik und hatte früher, da es diese Farbnuance kaum lichtechte Pigmente gab, für die freie Malerei wenig Bedeutung. Mehr Bedeutung hatte Magenta aber immer für Farbenlehre und Entwurfstechniken. Heute gibt es für diese Nuance, die für Violettausmischungen sehr wichtig ist, lichtechte Chinachridonrotpigmente unter den Bezeichnungen *Purpur*, *Echtpurpur*, *Purpurrot*, *Permanentrosa*, *Dunkelrosa*. Magenta entspricht am ehesten dem Goetheschen Rot, das man durch das Prisma wahrnehmen kann, wenn man mit einem Prisma auf eine schwarze Linie blickt.

Malfarben:
Fertig mit Bindemittel zubereitete Farben für Malerei und Entwurf, in Tuben, Näpfchen, Flaschen oder Dosen.

Mischsortiment:
Ein Grundfarbensortiment, bestehend aus einer Anzahl speziell ausgewählter Farbnuancen, die ein möglichst breites und gezieltes Mischen zulassen.

Pastos:
Dicker, plastisch wirkender Auftrag einer Malfarbe mit Pinsel oder Spachtel.

Pfauenrad:
Siehe unter *Fächer.*

Pigmente:
Praktisch in Wasser *unlösliche,* anorganische oder organische, bunte oder unbunte Farbmittel. Es handelt sich dabei um feinst vermahlende Feststoffpartikel. Farb*stoffe* dagegen sind in Wasser *lösliche* Farbmittel.

Pigmentist:
Maler, Malerinnen und Fachlehrer, Fachlehrerinnen für Farbenlehre und Farbgestaltung, die ihre Überlegungen sehr stark von der Verwendung der Farbpigmente abhängig machen.

Primärfarben:
Grundfarben, die nicht durch Mischung – vor allem durch Mischung von Substanzfarben – erzeugt werden können. Runge, Itten, Klee sahen als Primärfarben vor allem in einem Gelb, das weder grünlich noch rötlich, in einem Blau, das weder grünlich noch rötlich und in einem Rot, das weder gelblich noch bläulich sein darf. Für die Farbenlehren von Goethe und Hölzel und Küppers (dort als Grundfarben) benötigen wir als Primärfarben Zitronengelb, Magenta und Cyanblau. Gelb, Cyanblau und Magenta sind auch die Grundfarben der Fernseh-, Druck-, Computer- und Photokopiertechnik.

Qualitätskontrast:
Kontrast zwischen leuchtenden und stumpfen, auch matten Farben, Bunt-Unbunt-Kontrast, auch Intensitätskontrast.

Quantitätskontrast:
Viel-Wenig und Gross-Klein. Mengenanteile einzelner Farbnuancen in einer Gestaltung und das Verhältnis Flächengrössen der verwendeten Farben zueinander.

Rotviolett:
Ein stark rotes, zum Purpur hin tendierendes Violett, wird gemischt aus Blauviolett und Magenta.

Sekundärfarben:
Nach Runge, Itten, Klee ein mittleres Orange, das weder zu gelb noch zu rot, ein mittleres Violett, das weder zu rot noch zu blau und ein ein mittleres Grün, das weder zu blau noch zu gelb sein darf. Für die Farbenlehren von Goethe, Hölzel und Küppers (dort als Urfarben) brauchen wir als Sekundärfarben vor allem ein Orangerot, ein Violettblau und ein Mittelgrün.

Steigerung:
Aus der Goetheschen Farbenlehre: Durch Steigerung (Verdichtung) entsteht sowohl aus Gelb, als auch aus Blau die Farbe Rot.

Tertiärfarben:
Auch Farben dritter Ordnung. Tertiärfarben sind in einzelnen Farbenlehren Farben, die aus der Mischung von Sekundärfarben entstehen, also Rotgrau *Russet*, Gelbgrau *Citrin* und Blaugrau *Olive*. In andern Farbenlehren (Itten, Klee) versteht man darunter jene Farben, die aus der Mischung von je einer Primärfarbe und je einer Sekundärfarbe entstehen, also Gelborange, Rotorange, Rotviolett, Blauviolett, Blaugrün und Gelbgrün.

Tubenfarben:
Gebrauchsfertiges, dickflüssiges Farbmaterial in Tuben mit verschliessbarer Kappe.

Unbunt:
Die Farben Weiss, Schwarz und Grau.

Urfarben:
Nach Goethe: Gelb und Blau. Sie entstehen an der grossen Polarität Hell-Dunkel. Aus den beiden Urfarben werden alle übrigen Farben abgeleitet.

Urkontrast:
Nach Goethe der Kontrast Gelb-Blau. Nach Hölzel: Gelb, Rot und Blau.

Urphänomen:
Nach Goethe: Die Entstehung der Farben am Hellen und am Dunkeln durch das trübe Mittel. Das Urphänomen ist nicht weiter erklärbar, steht am Anfang, am Ursprung.

Violett:
Damit ist meist ein mittleres Violett angesprochen, ein Violett zwischen Rot und Blau. Manchmal aber ist auch Blauviolett oder Violettblau gemeint, dann, wenn von einem Violett gesprochen wird, das sich zu Zitronengelb komplementär verhält (diatonischer Farbkreis nach Hölzel).

Wachsharzfarben:
Lasierende oder deckende Malfarben, die man auch selbst herstellen kann, indem man Wachsmalkreiden in einem Gefäss im Wasserbad schmelzen lässt und unter ständigem Rühren jeder Farbe zwei Teile Dammarlack zugibt (siehe auch Pawlik, 88).

Einige Tips

Pinsel:
Als Arbeitsgeräte benötigen Sie spitze und flache Pinsel mit elastischen Haaren (Rotmarder, Rotmarderersatz, Nylon, Rindsohrenhaare), aber auch – für die freie Malerei Borstenpinsel (Schweine- oder Acrylborsten). Die Haare der spitzen Pinsel müssen sich in nassem Zustand zu einer einwandfreien Spitze formen lassen und auf einen Druck mit dem Daumen wieder zurückschnellen. Für glatte, strenge Flächen eher weiche und für strukturierte Flächen eher härtere Pinsel verwenden. Die Pinsel stets nach jedem Farbwechsel mit fliessendem Wasser und Seife (Handseife, Schmierseife, Spülmittel) auswaschen, bis der Seifenschaum keine Farbrückstände mehr aufweist. Dies ist vor allem für den Farbwechsel von dunklen zu hellen Farben von grosser Bedeutung. Eine kleine Spur eines Farbrückstandes kann eine Mischung beeinträchtigen. Verbogene Pinselhaare lassen sich durch Eintauchen in heisses Wasser wieder korrigieren.

Palette:
Weisse Kunststoff-, Metall- oder Porzellanpaletten mit möglichst grosser Mischfläche und Vertiefungen.

Weitere Malutensilien:
1–2 grosse Gläser mit sauberem Wasser, Lappen, Seife, Pinselmatte, Acryl- oder Tempera-Malmittel.
Vermeiden von Auftragsspuren im strengen Flächenaufbau:
Zuerst den Rand der Flächen mit etwas flüssiger gehaltener Farbe ausziehen und nachher, von einem Rand oder von einer Ecke her beginnend, die ganze Fläche mit etwas dickerer Farbe ausmalen. Die Farbe gut verteilen und zügig nass-in-nass arbeiten. Sollte die Farbe vorerst nur ungenügend decken, benötigt die Fläche einen zweiten Anstrich. Der erste Anstrich muss aber vorerst absolut trocken sein. Halten Sie beim zweiten Anstrich die Farbe etwas flüssiger als beim ersten Mal, beginnen Sie wieder mit dem Rand und malen Sie die Fläche wieder zügig aus. Bei zu langsamem Arbeiten löst sich durch die flüssige Farbe die untere Schicht wieder auf, und es entstehen unliebsame Flecken. Bei besonders heiklen Arbeiten setzen Sie der ersten Schicht etwas verdünnten Acrylbinder oder etwas Acrylmalmittel zu. Ein Auflösen der bereits getrockneten Schicht durch den zweiten Anstrich wird dadurch verhindert. Allerdings wird die Farbschicht dadurch etwas Glanz bekommen und nicht sehr gut decken. Wenn Sie beim zweiten Anstrich dann auf diesen Acryl-Zusatz verzichten, entsteht wiederum die samtene, matte Oberfläche, die für qualitativ hochstehende Gouachesorten typisch ist. Zusätze von Eitempera steigern die Intensität der Leuchtkraft und erzeugen Tiefenlicht. Mit Eitempera lassen sich sehr schöne Lasureffekte erzielen, und verschiedene Farbschichten lassen sich übereinanderlegen oder stufenlos nass-in-nass ineinander vermalen.

Dank

Herrn Professor Dr. phil Jakob Eggenberger, vom Neutechnikum Buchs, für die sprachliche Beratung.

Herrn Professor Peter Jenny, von der ETH Zürich, für das Vorwort.

Herrn Dr. Wolfgang Venzmer, Konstanz, für das zur Verfügungstellen von Dokumenten aus seinem Archiv.

Frau Agnes Kultscher, Nyon, Frau Paule Martin, Pully, Herrn Marc Mousson, Yverdon und Herrn Daniel Rohrbach, Gümligen, für die Betreuung und die französische Übersetzung.